***ACCESO GRATIS** a la Lectura en la Nube*

Para visualizar el libro electrónico en la nube de lectura envíe junto a su nombre y apellidos una fotografía del código de barras situado en la contraportada del libro y otra del ticket de compra a la dirección:

ebooktirant@tirant.com

En un máximo de 72 horas laborales le enviaremos el código de acceso con sus instrucciones.

ESTUDIOS DE DERECHO NOTARIAL

Procedimiento de selección de originales, ver página web:
www.tirant.net/index.php/editorial/procedimiento-de-seleccion-de-originales

ESTUDIOS DE DERECHO NOTARIAL

Coordinadores

FERNANDO PÉREZ ARREDONDO
ÁNGEL GILBERTO ADAME LÓPEZ

Comisión de Derecho Administrativo

VÍCTOR OLÉA PELÁEZ
Presidente BMA

ANA MARÍA KUDISCH CASTELLÓ
Primera Vicepresidenta BMA

tirant lo blanch
Ciudad de México, 2025

En caso de erratas y actualizaciones, la Editorial Tirant lo Blanch México publicará la pertinente corrección en la página web www.tirant.com/mex/

Este libro será publicado y distribuido internacionalmente en todos los países donde la Editorial Tirant lo Blanch esté presente.

© EDITA: TIRANT LO BLANCH
DISTRIBUYE: TIRANT LO BLANCH MÉXICO
Av. Tamaulipas 150, Oficina 502
Hipódromo, Cuauhtémoc, 06100, Ciudad de México
Telf: +52 1 55 65502317
infomex@tirant.com
www.tirant.com/mex/
www.tirant.es
ISBN: 978-84-1071-823-4

Si tiene alguna queja o sugerencia, envíenos un mail a: *atencioncliente@tirant.com*. En caso de no ser atendida su sugerencia, por favor, lea en *www.tirant.net/index.php/empresa/politicas-de-empresa* nuestro Procedimiento de quejas.

Responsabilidad Social Corporativa: http://www.tirant.net/Docs/RSCTirant.pdf

Índice

La actuación ética del Notario 9
Javier Arce Gargollo

La Ley Orgánica de Escribanos del Estado de Veracruz de 1883 27
Ángel Gilberto Adame López
Montserrat Arenas Martínez

La función notarial y la jurisprudencia de la Suprema Corte 47
José Ramón Cossío Díaz

Algunas reflexiones sobre la discapacidad 61
Roberto Garzón Jiménez

De qué hablamos cuando hablamos de discapacidad: Todos somos iguales, pero diferentes 71
Ricardo Gutiérrez Pérez

Reflexiones respecto de la creación de la voluntad apta para producir actos jurídicos de personas con discapacidad intelectual, cognitiva y/o psicosocial a la luz de la Convención sobre los Derechos de las Personas con Discapacidad 85
Fernando Pérez Arredondo

Las notificaciones por Notario 95
Jorge Alfredo Domínguez Martínez

¿Debe la sociedad adaptarse al objeto social o el objeto social adaptarse a la sociedad? 103
Uriel Gómez Ávila

LA ACTUACIÓN ÉTICA DEL NOTARIO

JAVIER ARCE GARGOLLO
Notario 74 de la Ciudad de México

I. ÉTICA Y NOTARIO

El notario debe tener una actuación ética. Diversas normas legales y códigos deontológicos le señalan este importante deber; por ejemplo, la Ley del Notariado para la Ciudad de México (LN),[1] en su artículo 14, dice que "[...] el Notario deberá proceder conforme a los principios jurídicos y deontológicos de su oficio profesional[...]". Debido al alto contenido ético de la profesión notarial, los códigos deontológicos o de ética notarial serán un complemento necesario a las normas de la Ley del Notariado, para concretar los deberes del notario.

En las conclusiones del XXII Congreso de la Unión Internacional del Notariado (UINL), celebrado en Buenos Aires, en 1998[2] se establece:

En el caso de la profesión notarial *la deontología es un elemento esencial*, sin cuyo conocimiento es imposible el correcto ejercicio de la función. Ello es consecuencia del *elevado contenido ético de la profesión* notarial, lo cual no puede ser desconocido a la hora de valorar su importancia y la necesidad de velar por su cumplimiento.

II. ¿QUÉ ES UN NOTARIO?

Una de las definiciones formales de lo que es un notario la encontramos en el artículo 44 de la LN:

---

1 Todas las disposiciones que se citan, si otra cosa no se indica, corresponden a la vigente Ley del Notariado de la Ciudad de México.

2 Todas las referencias a las conclusiones de los Congresos Internacionales de la UINL son de la obra de Bernardo Pérez Fernández del Castillo *Doctrina notarial internacional,* 4ª edición (México: Porrúa, 2013).

Notario es el profesional del Derecho investido de fe pública por el Estado, y que tiene a su cargo recibir, interpretar, redactar y dar forma legal a la voluntad de las personas que ante él acuden, y conferir autenticidad y certeza jurídicas a los actos y hechos pasados ante su fe, mediante la consignación de los mismos en instrumentos públicos de su autoría.

El Notario conserva los instrumentos en el protocolo a su cargo, los reproduce y da fe de ellos.

Actúa también como auxiliar de la administración de justicia, como consejero, árbitro o asesor internacional, en los términos que señalen las disposiciones legales relativas.

Pero ¿qué es realmente un notario para la sociedad y para las personas a quienes les prestamos nuestros servicios? Dice el jurista español don José Castán Tobeñas, en su obra sobre el notariado *Función notarial y elaboración notarial del Derecho*:

El notario moderno es el heredero más directo del jurista romano. Su labor no es la de un abogado, que interviene principalmente en el momento en que va a plantearse un litigio, sino la del *consejero de las familias* y el *modelador de los negocios jurídicos*.[3]

La sociedad le tiene confianza y cree en el notario. ¿Por qué confiamos en un notario como en un juez? Porque ambos, son imparciales, saben de derecho, tienen experiencia, escuchan a todas las partes y son prudentes.

La LN establece como "principios regulatorios e interpretativos", en su artículo 7, fracción IV, que el notario debe "Estar al servicio del bien y la paz jurídicos de la Ciudad y del respeto y cumplimiento del Derecho".

Entonces, el notario es así, el *magistrado de la paz*.

III. ¿QUÉ HACE EN LA PRÁCTICA UN NOTARIO?

El notario, entre otras funciones, se encarga de garantizar y cuidar el *patrimonio de las familias*. Cuida que *los inmuebles*, entre ellos las

---

[3] José Castán Tobeñas, *Función notarial y elaboración notarial del derecho* (Madrid: Instituto Editorial Reus, 1946) 143. (Las cursivas son mías).

casas habitación cuenten con un título de propiedad que cumpla con todos los requisitos legales que le den certeza y seguridad jurídica a su propietario.

Que una hipoteca que garantice un préstamo esté claramente *regulada* para el deudor hipotecario en todos sus términos: intereses, pagos, plazos, incumplimientos, etc.

El notario, asimismo, es el asesor que elabora los *testamentos* para que a la muerte del testador se repartan sus bienes a los herederos y legatarios "sin duda y sin contienda", como dicen las partidas de Alfonso X "El Sabio".

También es el profesional que se encarga de que en el *trámite sucesorio* se *cumpla, en justicia,* lo que ordena el testador —o la ley cuando hay un intestado— para que los herederos y legatarios reciban el patrimonio del autor de la herencia que en justicia les corresponde.

En el campo de *la salud,* los notarios autorizamos *documentos de voluntad anticipada* para el bien morir y, ante nosotros se otorgan, actualmente, poderes para representar a las personas en asuntos médicos y del cuidado de su salud.

En materia de *negocios,* al notario le corresponde informar y asesorar a las personas sobre cómo estructurar jurídicamente una empresa, cuál es la *sociedad* más adecuada, qué intereses deben proteger a los socios minoritarios, cómo se organiza la administración, la operación y la vida de esa sociedad; además, el notario auxilia en el otorgamiento de poderes, ratificación de documentos, recibe declaraciones para diversos efectos (por ejemplo sobre el nombre de la persona), da fe de hechos para preconstituir pruebas en juicios, notifica como lo hace un actuario de un juzgado, y lleva a cabo otras funciones complementarias, como resolver consultas, ser mediador y ser árbitro.

También el Estado confía y le da intervención al notariado en los procesos electorales para darles certeza, objetividad, legalidad y seguridad.

El Fisco confía en la honestidad y responsabilidad del notario, pues le encarga que calcule impuestos, que los solicite a los firmantes, los retenga y entere al Estado.

IV. EL NOTARIADO ES GARANTÍA INSTITUCIONAL. ¿QUÉ SIGNIFICA?

El artículo 3 de la LN, dice:

El Notariado como garantía institucional consiste en el sistema que, en el marco del notariado latino, esta ley organiza la función del notario como un tipo de ejercicio profesional del Derecho y establece las condiciones necesarias para su *correcto ejercicio imparcial, calificado, colegiado y libre,*[4] en términos de ley.

La función notarial, de acuerdo con el artículo 27, dispone:

[...] posee una naturaleza compleja: es pública en cuanto proviene de los poderes del Estado y de la Ley, que obran en reconocimiento público de la actividad profesional de Notario y de la documentación Notarial al servicio de la sociedad. De otra parte, es autónoma y libre, para el Notario que la ejerce, actuando con fe pública.

Es decir, de acuerdo con el artículo 28, "[...] en beneficio de la certeza y seguridad jurídicas que demanda la sociedad [...]".

¿Cómo cumplimos los notarios nuestra función?

Para estar a la altura de lo que la sociedad nos demanda,¿cómo debemos actuar? ¿Qué cualidades debemos tener? Señala Bernardo Pérez Fernández del Castillo que:

[...] la actividad del notario consiste en escuchar, interpretar y aconsejar a las partes; preparar, redactar, certificar, autorizar y reproducir el instrumento. En todas estas etapas de la actividad del notario debe caracterizarlo su veracidad, imparcialidad, espíritu conciliador, discreción en los secretos recibidos, equidad en el cobro de honorarios, preparación técnica y jurídica, desempeño personal y *cumplimiento de las demás normas éticas y jurídicas.*[5]

Agrega Luis Carral y de Teresa que:

[...] este quehacer profesional del notario es el más difícil de desempeñar; requiere *experiencia* que solo el diario contacto con el hecho puede dar, pide también *una sólida formación jurídica y autori-*

---

4 Las cursivas son mías.

5 Bernardo Pérez Fernández del Castillo, *Derecho notarial,* 10ª edición (Ciudad de México: Porrúa, 2000), 227. (Las cursivas son mías).

dad moral para lograr que las partes se sometan a su consejo que en ocasiones es o parece contrario a la voluntad primitiva de los que solicitan su intervención.[6]

V. CARACTERÍSTICAS Y PRINCIPIOS DE LA FUNCIÓN NOTARIAL

¿Cuáles son los *principios y valores* que fundamentan el ejercicio de la fe pública notarial?

Dice el artículo 52 de la LN:

La carrera Notarial se regirá por *los principios y valores*[7] que fundamentan el ejercicio de la fe pública, y especialmente por los principios de excelencia, especialización, legitimación, objetividad, profesionalismo, imparcialidad, sustentabilidad e independencia, equidad de género y de inclusión.

Los notarios debemos tener las *cualidades personales* necesarias para cumplir con los valores y principios que la ley establece:

a) Tener calidad profesional.

b) Ser imparciales.

c) No hacer competencia desleal.

d) Dar atención personal.

e) Ser autónomos e independientes.

f) Guardar secreto profesional.

g) Tener probidad.

Menciona Miguel Fernández Casado que "la profesión notarial es quizá entre todas las sociales aquella cuyo ejercicio *mayor moralidad demanda*".[8] Estos principios y valores los desarrollan y completan los códigos deontológicos o de ética que describen lo que es una *conducta reprobable* del notario.

---

6 Luis Carral y de Teresa, *Derecho notarial y derecho registral,* 11ª edición, (Ciudad de México: Porrúa, 1989). (Las cursivas son mías).

7 Las cursivas son mías.

8 Miguel Fernández Casado, *Tratado de notaría,* tomo I (Madrid: Imprenta de la viuda de M. Minuesa de los Ríos, 1895) 293. (Las cursivas son mías).

El Código de Ética del Notariado de la Ciudad de México[9] establece cómo debe actuar el notariado.

"Artículo 2º. Los notarios en el desarrollo de su ejercicio, *deberán actuar siempre con absoluta justicia,*[10] honestidad, veracidad, imparcialidad, independencia, lealtad y dignidad; hacerlo personalmente y con atingencia, preparación, calidad profesional, discreción, reserva y secreto, perspectiva de género, equidad y trato igualitario".

Decía mi padre, José Arce y Cervantes: "El notario debe ser cuidadoso para que la gente pueda ir descuidada ".

VI. CUALIDADES QUE DEBE TENER EL NOTARIO

1) Calidad profesional

En el XXII Congreso de la UINL celebrado en Buenos Aires, en 1998, dejó la siguiente conclusión: "La *competencia profesional,* el trabajo bien hecho y la actualización constante de los conocimientos jurídicos, *son graves obligaciones* para el notario que, a la vez que le perfeccionan, constituyen el mejor servicio que puede prestar al cliente, al Estado y a la sociedad".[11]

Establece la LN en su artículo 57: "Para obtener la patente de Notario, el profesional del Derecho interesado, además de no estar impedido para presentar examen, conforme a las fracciones I y VIII del Artículo 60 de esta ley, deberá:

I. Acreditar los requisitos de calidad profesional, práctica y honorabilidad.

[...]

Aquí cabe una *recomendación.* Aun cuando los notarios tenemos una formación profesional y conocemos nuestro oficio, es normal que consultemos a otros colegas notarios sobre ciertos temas en los

---

9 Aprobado en la asamblea celebrada el 8 de diciembre de 2005 y reformado en la asamblea de 19 de enero de 2022. Cuando se cita el Código de Ética del Notariado se refiere al Código de Ética del Notariado de la Ciudad de México.

10 Las cursivas son mías.

11 Las cursivas son mías.

que tienen mayor experiencia, y esto es en beneficio de nuestras escrituras, de la clientela y de la seguridad.

2) Imparcialidad

La imparcialidad es garantía del equilibrio del orden contractual y brinda certeza y seguridad jurídica.

El artículo 3 de la LN, dice: "su *imparcialidad* debe extenderse a todos los actos en los que intervenga de acuerdo con ésta y con otras leyes";[12] asimismo, el artículo 7, fracción V bis, dispone: "[...] el notario debe actuar de *manera imparcial*, aconsejando a cada una de las partes o solicitantes del servicio[...]".[13]

Entonces, la imparcialidad comprende lo que la LN, en su artículo 30 reconoce y protege como "[...] el principio de *libertad de elección de Notario,* en beneficio de la imparcialidad en la relación con las partes y de la ética de la función Notarial".[14]

La sanción por faltar a este principio y a este deber es grave. Señala la LN en su artículo 47: "Queda prohibido para los Notarios:

I.– *Actuar con parcialidad* [...].

[...]

VII.– Dar fe de manera no objetiva o *parcial.*

[...]

En el XVI Congreso de la UINL celebrado en Lima, en 1982, se concluye que el notario "debe ser *imparcial,* procurando proteger igualmente los intereses de todos los otorgantes."[15]

El Código de Ética establece:

Artículo 8°. Es *reprobable,* por ser contraria al deber de *imparcialidad:*

I.– La conducta por la que, con maquinaciones, artificios o sin ellos, simplemente no informando o dejando en el error, el notario favorece o *sobrepone los intereses de una parte a los de otra,* o cuando actúa

---

12 Las cursivas son mías

13 Las cursivas son mías.

14 Las cursivas son mías.

15 Las cursivas son mías

como consultor o consejero —aun cuando no redacte ni autorice el instrumento— y más reprobable cuando lo redacta y autoriza.[16]

¿Cómo se aplica en la práctica notarial este principio de imparcialidad? Veamos algunos ejemplos de actos notariales.

En las *compraventas* es usual que el comprador sea quien elija al notario de su confianza, pero el notario es *notario de las dos partes* y debe ver por los intereses del vendedor: que reciba el precio y que se calcule adecuadamente su impuesto sobre la renta.

Lo mismo sucede en los *créditos hipotecarios*. El banco acreedor escoge a sus notarios, pero el deudor hipotecario es también cliente en esta operación y el notario cuida que la escritura esté bien explicada, que para el deudor los términos sean claros: los intereses, plazos, pagos y causas de vencimiento anticipado.

En las *sucesiones ante notario* nos elige el albacea, pero deben estar de acuerdo todos los herederos y legatarios. Si hay conflicto desde la elección del notario, eso nos impide actuar. Aquí el notario tiene, en ocasiones, una gran labor para mediar y conciliar entre herederos en la repartición justa de una herencia.

En las *asambleas* a las que acudimos los notarios a solicitud de algún socio o accionista para una *fe de hechos* debemos ser imparciales con todas las partes y dar fe de todo lo que sucede, hasta de lo que no le conviene a nuestro cliente; además, no podemos intervenir en los asuntos que se tratan en la reunión. Como notarios no podemos opinar o asesorar a persona alguna.

En general, en declaraciones ante notario, fe de hechos y otras diligencias, debemos ser veraces, objetivos e imparciales. La LN obliga al notario, en beneficio de todas las partes, a explicarles el valor y contenido del instrumento. Dice el artículo 103:[17]

El Notario redactará las escrituras en español [...] y observará las reglas siguientes:

[...]

XIX. Hará constar bajo su fe:

16 Las cursivas son mías.

17 Las cursivas son mías.

[…]

c) Que les fue leída la escritura a los otorgantes y a los testigos e intérpretes, o que ellos la leyeron, manifestaron todos y cada uno *su comprensión plena*;

d) Que *ilustró a los otorgantes* acerca del valor, las consecuencias y alcance legales del contenido de la escritura […]

[…].

3) No hacer competencia desleal

El notario debe *conducirse con lealtad,* con todos: solicitantes del servicio, colaboradores, colegas notarios, autoridad y sociedad:

Artículo 264. En relación con el Colegio y el Notariado, son obligaciones de los Notarios, las siguientes:

[…]

VII.– Desempeñar su función sin práctica ni *competencia desleales*[18] y con el mayor apego al afán de servicio a quienes le requieran su intervención.

[…]

En el Código de Ética del Notariado[19] se señala:

Artículo 10º. Son también intrínsecamente contrarias a la ética y *reprobables*:

I. […]

[…] expresar con ligereza o con *falta de veracidad* opiniones sobre otros notarios o su actuación, criticarlos de manera no constructiva, pretender y realizar análisis de la percepción de sus percepciones para denigrarlos u ofrecer costos menores y así realizar el trabajo […]

[…]

Existe una *regla de oro:* no juzgar lo que se pagó a otro notario pues no tenemos la información completa. No sabemos qué operaciones se hicieron o qué servicios se prestaron.

---

18 Las cursivas son mías.

19 Las cursivas son mías.

4) Arancel

"*Arancel* no es otra cosa que un cuadro oficial que indica los derechos exigibles en el ejercicio de un arte, profesión u oficio reglamentados."[20]

Como lo señala la UINL, el arancel es uno de los principios del notariado latino.

En el primer Congreso de la UINL celebrado en Buenos Aires, en 1948, con respecto a los principios de organización legal del notariado se señaló como una de las condiciones: "Mantener la retribución de los servicios notariales dentro del sistema de honorarios a cargo de las partes, asegurándose ingresos decorosos sobre *la base de aranceles fijados por los colegios o cuerpos notariales*".[21]

En el artículo 15 de la LN se establece: "Los Notarios tendrán derecho a obtener de los prestatarios de sus servicios el pago de honorarios, de acuerdo con el *Arancel* [...] éste será publicado en la Gaceta Oficial de la Ciudad de México a más tardar el último día hábil del mes de enero del año siguiente [...]".[22]

Con respecto a las sanciones que la LN impone al notario se establece en el artículo 239: "Se sancionará al Notario con multa de uno a treinta veces la Unidad de Medida y Actualización (UMA) vigente en el momento del incumplimiento:

[...]

V.- Por *excederse al arancel* o a los convenios legalmente celebrados en materia de honorarios legalmente aplicables;

[...].

El Código de Ética, dispone:

Artículo 5°. Se estiman como actos o conductas intrínsecamente *contrarios a la ética notarial* [...]:

[...]

III. Cuando el notario pretenda percibir o perciba, por el desempeño su función, *sumas distintas* de las que determinen los *aranceles*

---

20 Fernández Casado, *Tratado*, 273. (Las cursivas son mías).

21 Las cursivas son mías.

22 Las cursivas son mías.

correspondientes, sobre todo si la reducción en la percepción la propone o la acepta para obtener alguna ventaja, entre otras, la encomienda del trabajo que de otro modo no hubiera logrado, así como la de ofrecer la mejora de cualquier cotización emitida previamente por un colega o por el mismo.

[…].[23]

El arancel tiene muchas *ventajas* para el notariado pues iguala el costo de los servicios notariales y evita, en muchos casos, la competencia desleal.

5) Publicidad

El tema de la publicidad notarial es complejo pues cambia en el tiempo. Hay que entender que el notario es un profesionista, no un comerciante. Actualmente numerosos notarios tenemos una página de internet a la que se puede tener acceso por medio de los buscadores.

El proyecto del documento *Deontología y reglas de organización del Notariado*, de la UINL, lo define así en el artículo 29: "[…] Toda publicidad bajo la forma de *propaganda comercial* por cualquier medio de difusión está prohibida para el Notariado".[24]

6) Dar atención personal

Dispone la LN que hay un "deber de imparcialidad y *atención personal* del Notario"[25] (artículo 24). Este deber tiene su correlativo derecho en el prestatario del servicio:

"Artículo 16. "Los derechos de los prestatarios frente a los Notarios serán los siguientes:

I. Ser *atendidos personalmente* y con profesionalismo.

[…].[26]

---

23 Las cursivas son mías.

24 *Cfr.* Pérez Fernández del Castillo, *Doctrina notarial internacional.* (Las cursivas son mías).

25 Las cursivas son mías.

26 Las cursivas son mías.

Y agrega la LN:

"Artículo 31. [...]

El Notario *no* deberá aceptar más asuntos que aquellos que pueda *atender personalmente* en su función autenticadora.

"La actuación del notario debe ser *personalísima*".[27] Es muy importante este deber y es muy grave su incumplimiento. Asimismo, dice la LN en su artículo 209:

"Son causas de *cesación* del ejercicio de la función Notarial y del cargo de Notario:

[...]

VII.– No desempeñar *personalmente* las funciones que le competen de la manera que esta Ley previene

[...].[28]

El Código de Ética completa estos deberes:

Artículo 12°.– Es violatoria intrínsecamente del deber de *actuar personalmente*: I.– La conducta por a que el notario presta su función, *sin hacerlo personalmente*, sin la atingencia debida, sin poner en ello toda su diligencia y sus conocimientos, escatimando sus esfuerzos y recursos [...].

[...][29]

7) *Ser autónomos e independientes*

La autonomía e independencia del notario suponen lo siguiente. Dice el artículo 13 de la LN: "el Notario ejerce su función *sin sometimiento al erario* y sin sueldo o paga del Gobierno o de entidades públicas o privadas, ni favoritismo alguno [...]".[30] Esto implica que "los Notarios tendrán derecho a obtener de los prestatarios de sus servicios el pago de honorarios, de acuerdo con el *Arancel* [...]"[31] (artículo 15).

---

27 Fernández del Castillo, *Derecho notarial*, 227. (Las cursivas son mías).

28 Las cursivas son mías.

29 Las cursivas son mías.

30 Las cursivas son mías.

31 Las cursivas son mías.

Añade la LN:

Artículo 31. El ejercicio de la función Notarial y la asesoría jurídica que proporcione el Notario debe realizarlos en interés de todas las partes y del orden jurídico justo y equitativo de la ciudad y, por tanto, *incompatible con toda relación de sumisión* ante favor, poder o dinero, que afecten su *independencia* formal o materialmente.[32]

También dispone:

Artículo 33. El ejercicio del oficio Notarial es *incompatible con toda dependencia a empleo, cargo o comisión público,* privado o de elección popular, y con el ejercicio de la profesión de abogado en asuntos en que haya contienda [...].[33]

Y, por último, como garantía de independencia, "los Notarios son *inamovibles* de su cargo[...]"[34] (artículo 65).

Un notario no puede subarrendar el espacio de un despacho de abogados o de una compañía que sean propiedad de alguno de sus clientes. Esto es grave porque va contra la independencia del notario; solo debe tener una oficina en la ubicación que le corresponda, no puede tener sucursales, oficina de enlace, personas que atiendan en otro lugar sus asuntos notariales pues, además, no lo haría el notario personalmente. Es grave violar esta disposición y la norma ética.

8) Guardar secreto profesional

Para que el notario sea confiable debe guardar secreto profesional, ser discreto. Es el *depositario de los secretos* de las personas a quienes presta sus servicios.

Es importante este deber y su incumplimiento se sanciona. Así dispone el ordenamiento notarial:

Artículo 240. Se sancionará con *suspensión* del ejercicio de la función Notarial [...]:

[...]

32 Las cursivas son mías.

33 Las cursivas son mías.

34 Las cursivas son mías.

II.– Por *revelar injustificada* y dolosamente datos sobre los cuales deba guardar *secreto profesional*, cuando por ello se cause directamente daños o perjuicios al ofendido;

[...][35]

En el V Congreso de la UINL celebrado en Roma, en 1958, se resuelve: "El *secreto profesional* se impone al notariado como *principio fundamental* de naturaleza *etico-jurídica*, en el interés del público y como garantía de la vida social. Los *colaboradores* del notario están obligados a guardar el mismo secreto".[36]

La información que tenemos los notarios no es una base de datos pública a la que pueda tener acceso cualquier persona, entidad o autoridad. Es una información que nos ha confiado la sociedad y la clientela que está protegida por nuestro secreto profesional.

Tenemos una disposición notarial que nos ayuda a cumplir con el secreto profesional. Dice el artículo 149 de la LN:

"El Notario podrá expedir *sin necesidad de autorización judicial*, primero, segundo o ulterior testimonio, o copia certificada, al autor del acto o participante en el hecho consignados en el instrumento de que se trate, a cada parte en dicho acto o bien a los beneficiarios en el mismo; también en su caso, a los sucesores o causahabientes de aquéllos".[37]

El Código de Ética establece:

Artículo 14°. Son contrarios al deber de discreción, reserva y *guarda de secretos* y, por tanto, intrínsecamente reprobables, las conductas de los notarios que:

I.– Por jactarse o por cualquier razón, revelen datos o informaciones que les fueren confiados por sus clientes o por quienes los consulten o en razón de su actuación conozcan, aún cuando esa información no constituya secretos, sea veraz y pueda ser obtenida de otras personas o archivos, siempre que quien reciba tal información no tenga interés legal y justificación en hacerlo.[38]

---

[35] Las cursivas son mías.

[36] Las cursivas son mías.

[37] Las cursivas son mías.

[38] Las cursivas son mías.

Por naturaleza, el notario debe ser discreto, un *celoso guardián del secreto profesional.*

9) El notario debe tener probidad, debe ser honrado

Los deberes de *probidad y dignidad* del notario engloban a las demás características generales que debe tener en el ejercicio de su función. *Probidad* es sinónimo de *honorabilidad,* y su falta se castiga con la sanción más grave que contempla la ley: la remoción.

Dice la LN vigente, en su artículo 3: "[...] su *probidad* debe extenderse a todos los actos en los que intervenga [...]".

El artículo 241 de la misma ley, señala:

Artículo 241. Se sancionará al Notario con *la cesación del ejercicio* de la función Notarial [...]:

[...]

III.– Por *falta grave de probidad* [...]

[...]

Se entenderá como *falta grave de probidad* al conjunto de actos u omisiones dolosos reiterados que impliquen el incumplimiento de las garantías sociales, de los principios contenidos en las mismas y *el buen concepto de la función notarial* contemplados en la presente Ley [...].[39]

El Código de Ética del Notariado, dispone:

Artículo 6°. Es violatoria del deber de *honestidad* y por tanto reprobable: I.– El hecho de que el notario, para obtener trabajo, en perjuicio de otros notarios que actúen debidamente, haga partícipe de sus ingresos a cualquier persona, lo estipendie, agasaje, o le otorgue regalos, lo dispense de trámites, de requisitos o le brinde cualquier otra ventaja, así como enseñorearse del trabajo que le proporcionan grupos de personas, organismos públicos, dependencias del Gobierno o instituciones.

[...][40]

---

39 Las cursivas son mías.

40 Las cursivas son mías.

Y agrega:

Artículo 11°. Se violan los deberes de *dignidad personal y profesional* propios del notario, lo que es censurable y reprobable, si éste, en su vida profesional o aún en su vida personal y familiar: se comporta reiteradamente de manera violenta, prepotente, sin prudencia, grosera o extremadamente vulgar; viola las disposiciones legales en materia de discriminación o realiza en público acciones, costumbres o hábitos que no son los propios de quien tiene rectitud de ánimo e integridad, o bien, no son los que se esperan de un notario y más aún si dichas conductas se presentan de manera reiterada.[41]

Causa un gran daño al notariado que se diga que el notario no es honrado; por ejemplo, que cobra mucho. Por eso hay aranceles y la necesidad de explicar con detalle las cuentas al cliente. Cuando un notario comete el error de cobrar un impuesto o derecho de más, debe devolverlo inmediatamente, lo mismo si calculó mal sus honorarios.

Es importante siempre hacer *cuentas claras* con el cliente y explicarle, con todo detalle, los costos de su operación, impuestos, derechos, gestoría, honorarios, gastos externos, avalúo, etc.

VII. CONCLUSIONES

El Notario no solo está obligado por la Ley del Notariado sino también tiene deberes éticos que lo obligan a ir más allá de lo que enuncia la ley. El Código de Ética del Colegio de Notarios, obligatorio para el notariado al haber sido aprobado por una asamblea del Colegio, le señala un deber cardinal: *amar la profesión*:

Artículo 1°. La trascendencia que para el derecho y para la sociedad tiene la función notarial, cuya Ley regulatoria da el carácter de ser de orden e interés público, así como de garantía institucional, como origen y sostén de la seguridad jurídica y principal coadyuvante en el logro de la justicia y la obtención del bien común, evidencia que *el deber cardinal de los notarios* que la desempeñan, *es amarla* y actuar para protegerla, conservarla, engrandecerla y evitar cuanto

---

[41] Las cursivas son mías.

pueda perjudicarla para que siga siendo uno de los primordiales elementos en el logro de la convivencia humana.[42]

Dice Miguel Fernández Casado que "el primer deber del notario consigo mismo es el sentimiento del decoro profesional, de la propia dignidad y de la importancia social de su ministerio".[43]

¿Qué futuro tiene el notariado?

Mientras el notariado sea útil a la sociedad y desempeñe su función como profesional calificado, imparcialmente, con atención personal a la clientela, con dignidad, honestidad, discreción y apego a *los principios éticos* que rigen nuestra labor, tendremos notariado por muchos años.

---

[42] Las cursivas son mías.

[43] Fernández Casado, *Tratado*, 293.

LA LEY ORGÁNICA DE ESCRIBANOS DEL ESTADO DE VERACRUZ DE 1883

ÁNGEL GILBERTO ADAME LÓPEZ
Notario 233 de la Ciudad de México

MONTSERRAT ARENAS MARTÍNEZ

¿Qué tienen en común la historia del notariado, la historia del estado de Veracruz y la historia de México? Que las tres comparten un acontecimiento que definió el rumbo jurídico mexicano para los siglos venideros.

En 1519, cuando el escribano Diego de Godoy, —quien acompañaba en la misión de Hernán Cortés— expidió el acta con la cual se fundó la Villa Rica de la Vera Cruz no solo se creó el primer ayuntamiento y asentamiento europeo en el país; sin saberlo consumó la primera actuación notarial, implantando las bases del notariado que hoy conocemos.

Tras la consumación de la Guerra de Independencia en 1821, el territorio del hoy estado de Veracruz se vio sometido a drásticos vaivenes, tanto en lo político como en lo social y lo económico. Dada su estratégica ubicación geográfica en el Golfo de México, se convirtió en escenario de luchas intestinas, entre grupos políticos de conservadores y liberales, por el control de la región; asimismo, fue puerta de entrada y punto de permanente defensa ante las invasiones extranjeras: primero del intento de reconquista española mediante la toma de San Juan de Ulúa y, posteriormente, las intervenciones francesa y estadounidense.

En lo económico, al menos entre 1821 y 1880, la multiplicidad de aduanas interiores y alcabalas así como los cambios entre administraciones federalistas y centralistas repercutieron en importantes disminuciones a los ingresos per cápita por actividades antes sólidas como el comercio y las exportaciones de algodón y tabaco. Fue hasta 1880 con la entrada del régimen porfirista que Veracruz retoma el orden político y económico con la optimización de las vías de comunicación, especialmente los ferrocarriles y la modernización de los puertos para la mejora del tráfico de mercancías.[1] Es en este contexto político, el 6 de septiembre de 1883, durante el mandato de Apolinar Castillo, se publica la Ley Orgánica de Escribanos.

El desarrollo del notariado en Veracruz comenzó a tomar forma hacia el año de 1825 cuando el acceso al ejercicio de dicha labor se obtenía tras una examinación por un jurado de personas instruidas en derecho; posteriormente, el acceso se obtendría tras haber cursado estudios universitarios y acreditar práctica de acuerdo al Decreto 47 del 27 de mayo de 1825 *(*Reglamento provisional para los exámenes de abogados y escribanos*)*. Con el transcurso de los años, los requisitos se fueron modificando de acuerdo con las necesidades sociales, lo que derivó en la fundación, en 1855, del Colegio de Abogados en la Ciudad de Orizaba. En 1872, el gobernador Manuel Hernández y Hernández promulgó el Reglamento de Estudios y Exámenes.[2] A la par de estos acontecimientos, la necesaria regulación del ejercicio de la abogacía despertó una inquietud legislativa: la regulación de los escribanos.

En el México independiente la figura del escribano —denominación antigua del notario— se caracterizó por ser un oficio público, vendible y renunciable; esto significa que el escribano podía obtener dicho nombramiento a través de su compra o por herencia, e incluso enajenarlo a quien le interesare siempre y cuando, además, supiera escribir, fuera cristiano, de buena fama, vecino del pueblo y con veinticinco años de edad cumplidos, entre otras cualidades.[3]

La figura del oficio público se mantuvo durante buena parte del siglo XIX. Se trataba de una figura estrechamente relacionada con el Poder Judicial, de acuerdo con la Ley para el Arreglo de la Administración de Justicia en los Tribunales y Juzgados del Fuero Común de 1853.

En Veracruz, antes de que existiera una legislación especial para los escribanos, adicionalmente a las leyes centralistas se reguló el

---

1 Martín Aguilar Sánchez y Juan Ortiz Escamilla (coords.) *Historia general de Veracruz* (México: Gobierno del Estado de Veracruz, Secretaría de Educación del Estado de Veracruz, Universidad Veracruzana, 2011).

2 M. Espinosa Torres. *La enseñanza del derecho en Veracruz 1825-2007* (2007).

3 J. SALA. *El litigante instruido o el derecho puesto al alcance de todos.* (1843).

gremio a través de órdenes y decretos. Ejemplos de estos son, entre otros, la Orden de 19 de noviembre de 1824, que normaba el pago del sueldo de los escribanos; el Decreto número 192, del 17 de diciembre de 1830, en el que se establecieron requisitos para los exámenes de abogados y escribanos; el Decreto número 74, del 12 de junio de 1861, donde se establecieron las bases para el otorgamiento de escrituras ante jueces de primera instancia y autorizaciones especiales a jueces de paz para autorizar escrituras de compraventa, testamentos y poderes; el Decreto 69, del 6 de julio de 1874, en el que se faculta al Tribunal Superior de Justicia para examinar a abogados y escribanos; la Circular número 11, de 6 de noviembre de 1879, en la que se estableció que los escribanos no pueden otorgar escrituras sin tener a la vista el título de propiedad correspondiente debidamente registrado; y por último —para los fines del presente trabajo—, el Decreto 38, del 9 de julio de 1883, en el que se publicó la Ley Orgánica de Escribanos y sobre el ejercicio del notariado.[4]

Como nota adicional, para el mismo año de 1883, el gobernador Apolinar Castillo[5] ya había trasladado, de Xalapa a Orizaba, los poderes estatales, en parte con la intención de convertir al municipio de Xalapa en un centro comercial e industrial. Además de la Ley Orgánica que estaremos comentando, publicó la Ley Reglamentaria número 35, de 5 de julio, en la que se regularon los estudios y exámenes para la carrera de jurisprudencia.

En la sesión ordinaria del Poder Legislativo, del día 25 de junio de 1883, estando presentes los señores diputados Cházaro, Llorente, Rincón, Galván, Segovia, Rodríguez, Cinta Carreón y Grande Guerrero, se presentó el proyecto de la Ley Orgánica de Escribanos. La iniciativa contó, inicialmente, con 94 artículos repartidos en 7 títulos en los que se pretendía regular los requisitos para examinación de escribanos, requisitos para la emisión del fiat, las notarías, las bases

---

4 Jorge Schleske Tiburcio. "Cien años de legislación notarial". *Revista notarial del Colegio de Notarios del Estado de Veracruz* [s/f]. https://notariosveracruz.mx/wp-content/uploads/2017/05/NOTARIAL_12.pdf

5 Apolinar Castillo (1820-1902). Político y periodista. Fue jefe político de Córdoba y gobernador de Veracruz a partir de 1880, y depuesto en 1883 por la legislatura. Falleció en la Ciudad de México el 30 de marzo de 1902, siendo Senador de la República.

para la redacción y autorización de escrituras, subnotarías y funcionarios que sustituyeran a los notarios en cabeceras municipales sin notario y disposiciones generales. Después de arduas discusiones llevadas a cabo entre los días 25 y 26 de junio de ese año, se promulgó la Ley Orgánica el día 6 de julio, y fue publicada el 6 de septiembre, la cual, finalmente, contó con 90 artículos.

Esta ley condensó varias prácticas que ya se venían desarrollando en la escribanía y perfeccionó otras tantas que incluso aún se encuentran en legislaciones vigentes. A continuación comentaremos algunas de ellas.

Entre los requisitos para los aspirantes se encontraban el ser ciudadano mexicano, mayor de 21 años, con buena conducta y estudios preparatorios en materia jurídica; tener práctica profesional de, al menos, dos años, uno con un escribano y otro con un juez de primera instancia, lo cual podía hacerse de forma simultánea a los estudios. Los documentos probatorios de estos requisitos debían ser recabados por el solicitante y presentados al Tribunal Superior de Justicia para ser admitido a examen. En el proyecto original se facultaba a dicho Tribunal para recabar informes y realizar las averiguaciones necesarias para asegurarse de su veracidad, aunque al final dicha disposición se suprimió (artículos 3 a 6).

La evaluación tenía varias fases: Admitido a examen: se designaba una comisión de cinco abogados[6] quienes examinaban en la fecha fijada por el presidente de la comisión. Este consistía en la resolución de un caso práctico el cual, una vez propuesto al sustentante con 48 horas de anticipación, debía ser leído al sínodo y luego estos procederían a formular preguntas. Cada réplica duraba, al menos, media hora[7] Concluido el examen se procedía a calificar; solo había dos opciones: aprobatoria o reprobatoria; el resultado debía comunicarse al sustentante y asentar en un acta firmada por todo el sínodo. En el proyecto de ley, la aprobación debía ser obtenida por mayoría absoluta. Adicionalmente a este examen existía una segunda evaluación a cargo del Tribunal en pleno, y bajo los mismos términos.

---

6 Tres con derecho a cobrar honorarios por la cantidad de 10 pesos, de acuerdo con el proyecto de ley, lo cual quedó fuera en la publicación final.

7 En la discusión legislativa se sugería una duración de dos horas y media.

En caso de reprobar en cualquier instancia, el sustentante no podía presentarse nuevamente hasta pasados seis meses. En el proyecto, el término no debía rebasar un semestre y se regulaba el desistimiento. En este último caso, el interesado debía iniciar todo el proceso, nuevamente (artículos 7 a 13).

A demás de ese examen se regulaba la posibilidad de presentar uno a título de suficiencia a través de evaluaciones parciales que versaban sobre ciencias, cuyo estudio no hubiera sido cursado de forma ordinaria (artículo 14). En cualquier caso, una vez aprobado el examen se expedía el título de escribano.

Se suprimió el uso de signos, sustituyéndolos por sellos que debían de contener al centro la inscripción "República Mexicana, Estado de Veracruz Llave" además del nombre y apellidos del escribano (artículo 17).

Recordemos que, con posterioridad a los arreglos políticos que México tuvo durante el siglo XIX, el notariado quedó a cargo de cada entidad federativa, por lo que cada una tuvo las facultades legislativas correspondientes para regularlo. Así, cuando la Ley Orgánica de Escribanos dispuso la posibilidad de que los de otras entidades pudieran ejercer como tales dentro del territorio, siempre y cuando obtuvieran el permiso del Tribunal; se convirtió en una disposición novedosa (artículos 18 a 20). Actualmente, esto ya no es posible.

Otra peculiaridad fue la distinción de los términos *escribano, notaría* y *notario. Escribano* era aquel oficial o secretario público con título legítimo destinado a redactar y autorizar autos y diligencias de procedimientos judiciales así como escrituras de actos y contratos celebrados entre partes, de ahí su estrecha relación y dependencia con el Poder Judicial (artículos 1 y 2). *Notaría* era el término acuñado para definir al despacho en el que ejercía sus funciones el escribano (oficina notarial) y *notario* era la denominación que tenía el escribano encargado de la notaría, lo cual denota una clara equivalencia entre dichos términos (artículos 25 y 26). Más tarde, la denominación *escribano* desapareció para darle paso al término *notario* tras la promulgación de la Ley número 94 o Ley Orgánica del Notariado para el Estado de Veracruz, en 1887.

Bajo la vigencia de esta ley, se regularon también las licencias y suplencias previo aviso al Tribunal, ya fuera por otro notario de la misma residencia o por un juez de primera instancia, e indicando el término de la licencia a la misma autoridad. Se regularon el resguardo del protocolo a la muerte del notario, el derecho a la permuta con autorización de la autoridad competente y se estableció responsabilidad por el extravío del protocolo y archivos (artículos 28 a 38).

Por lo que hace al protocolo, se estipularon medidas para su cuidado como la no extracción de este de la oficina, salvo cuando fuere necesario para recabar firmas y únicamente por el propio notario. Previo al otorgamiento de un instrumento, se debía formular un documento llamado "minutario", en papel común, y después se procedía a realizar la escritura en el protocolo, expresando el número de la escritura con guarismos y letras, nombre del acto y de los otorgantes. Posteriormente, debía anotarse el lugar, hora, día, mes y año, sin guarismos o abreviaturas, identificando a los solicitantes, sus datos generales, testigos y su capacidad. Luego las cláusulas y renuncias redactadas de forma clara; estas debían ser explicadas a los otorgantes así como la obligación de inscribirlas en el Registro Público si era necesario. Terminado esto debían ser firmados por los otorgantes y el notario. Si la persona no sabía o no podía firmar, debía de hacerlo el notario en sustitución (artículos 39 a 42).

Para la redacción de las escrituras se establecieron reglas básicas: en idioma español, en letra clara, sin abreviaturas o guarismos, sin dejar espacios en blanco, no se podían hacer enmendaduras o entrerrenglonados, debiendo salvar al final. Si el otorgante no conocía el idioma debía ser asistido por dos traductores. Al asentarse un instrumento era necesario dejar un margen a la izquierda del papel para notas complementarias (artículos 43 a 49).

En caso de que una escritura no fuera firmada por todos los otorgantes dentro de un plazo de ocho días, debía de asentarse la razón; por ejemplo: "No pasó por no haber querido firmar él o los otorgantes, ni haberse presentado a hacerlo dentro del término de la ley" (artículo 50).

También se estipuló la obligación de llevar índices diarios y mensuales; las restricciones al otorgamiento de escrituras por conflicto de interés, la responsabilidad por provocar la nulidad de un instrumento y las reglas para la expedición de copias[8] (artículos 51 a 64).

Otra figura interesante en esta ley es la de la *subnotaría,* la cual era una oficina notarial propia de las cabeceras municipales sin notario, más estaba a cargo de jueces de paz. Se regía por las mismas disposiciones que las notarías comunes, pero con la particularidad de que los instrumentos elaborados en ella debían de ser inscritos en el protocolo de un notario; es decir que los *subnotarios,* antes de acabarse el sexto día del otorgamiento de un instrumento, debían sacar una copia de este, que debía de ser firmada por los otorgantes y entregada junto con un oficio de remisión dirigido al notario de la cabecera para su presentación dentro de los 15 días siguientes para inscripción en el Registro Público de la Propiedad. De no enviarlo durante estos seis días, el notario no podía asentarla en el protocolo y, por lo tanto, debía de otorgarse de nuevo. Este peculiar tipo de fedatario, si bien creado con la intención de procurar la presencia de notarios en zonas remotas, también dificultó la correcta dación de certeza jurídica. Además del subnotario existían los jueces de primera instancia para las cabeceras de cantón, que tenían funciones como cualquier escribano común (artículos 65 a 79).

Por último, se estipularon aranceles para el cobro de honorarios, se delimitó la responsabilidad penal de los notarios, la pertenencia del protocolo al Estado y la designación de un notario interino adscrito al Tribunal Superior para los casos de muerte, ausencia o imposibilidad de los escribanos que lo hubieran sido con anterioridad a la ley por medio de un oficio público vendible (artículos 80 a 90).

La Ley Orgánica de Escribanos de 1883 fue abrogada cuatro años después con la Ley Orgánica del Notariado durante el mandato de Juan de la Luz Enríquez,[9] quien se encargó de reinstaurar a Xalapa como capital, en 1885. En la actualidad, el notariado está regulado por la Ley número 585 del Notariado para el Estado de Veracruz de

---

8 Documento similar a lo que hoy conocemos como testimonio.

9 Juan de la Luz Enríquez Lara (1836-1892) fue un militar y político. Con una notable carrera castrense, tuvo participaciones importantes en la Guerra de Reforma y en la Segunda Intervención Francesa, con el bando liberal. Fue gobernador de Veracruz de 1884 hasta su muerte el 17 de marzo de 1892; ese mismo año la capital se renombró como Xalapa de Enríquez en su honor.

Ignacio de la Llave, de fecha 3 de agosto de 2015, dividida en 209 artículos repartidos en seis títulos. Aun con esto, la Ley Orgánica de 1883 es uno de los primeros ejercicios promulgados para regular al notariado de forma más propia, transformando las normas heredadas del derecho español, así como otras disposiciones que durante la segunda mitad del siglo XIX tuvieron vigor en la capital y en otras entidades.

ANEXO
TEXTO ORIGINAL DE LA LEY ORGÁNICA DE ESCRIBANOS DEL ESTADO DE VERACRUZ

GOBIERNO DEL ESTADO

PODER EJECUTIVO

SECRETARIA DE GOBIERNO DEL ESTADO LIBRE Y SOBERANO DE VERACRUZ LLAVE

APOLINAR CASTILLO, Gobernador Constitucional del Estado Libre y Soberano de Veracruz Llave, a sus habitantes, sabed: que la H. Legislatura del mismo, se ha servido decretar la siguiente ley:
"Número 38.– La H. Legislatura del Estado Libre y Soberano de Veracruz Llave, en el nombre del pueblo decreta la siguiente

Ley Orgánica de Escribanos.

TÍTULO PRIMERO
De los Escribano. Requisitos para su examen

Art. 1°. Escribano es el oficial o Secretario público que con título legítimo está destinado a redactar y autorizar con su firma los autos y diligencias de los procedimientos judiciales, como así mismo las escrituras de los actos y contratos que se celebren en tres partes.

Art. 2°. El ejercicio de la profesión de Escribano titulado es libre en el Estado: en consecuencia, todo el que lo sea puede establecer su oficio abriendo su correspondiente protocolo en el lugar de su residencia, previa la autorización o pase que deberá pedir al Tribunal Superior.

Art. 3°. Este admitirá a examen de Escribano a cualquiera que lo solicite, siempre que acredite tener los requisitos siguientes:
I. Que es ciudadano Mexicano en ejercicio de sus derechos.
II. Que es mayor de veintiún años.
III. Que ha sido y es persona de buena conducta.

IV. Que ha hecho los correspondiente estudios preparatorios, en la forma y con los requisitos que establecen los artículos del 1°. al 5°. Inclusive de la Ley núm. 35 del presente año.

V. Que ha sido examinado y aprobado en algún colegio legalmente autorizado de las materias siguientes:

a. Prolegómenos de derecho y derecho natural.

b. Derecho romano, antiguo, patrio y civil vigente en el Estado.

c. Procedimientos civiles y criminales, legislación fiscal, organización de los Tribunales de la Federación, del Estado y militares.

VI. Que ha hecho su práctica de Escribano con aprovechamiento y dedicación, por dos años, uno con un Escribano que tenga oficio abierto en lo relativo a la redacción y autorización de escrituras sobre actos y contratos de los particulares; y otro con un juez letrado de 1° instancia en lo concerniente a los procedimientos civiles y criminales.

Art. 4º. Los requisitos 1°. y 3º. del artículo anterior, se justificarán con una infamación de testigos abonados que serán cinco por lo menos, rendirá ante el Juez de 1ª. instancia del domicilio del solicitante, con audiencia del Síndico del Ayuntamiento; el 2º. con la copia certificada del acta de nacimiento o de la partida de bautismo, según la época en que hubiere nacido el aspirante; el 4º. y 5º. Con la copia de las actas respectivas del examen y el 6. Con los certificados correspondiente del Escribano y del juez letrado de 1ª. instancia, quienes expresarán si el aspirante ha practicado a su lado con aprovechamiento y dedicación.

Art. 5º. La práctica de que habla la fracción VI del artículo 3º. podrá hacerse a la vez que los estudios profesionales.

Art. 6º. Los estudios preparatorios determinados en la fracción V del artículo 3°. de esta ley no podrán dispensarse a los aspirantes al título de Escribano quienes quedan sujetos a lo que previenen los artículos 3º. 4º. y 5º. de la ley núm. 35 de este año, en los casos á que ellos se refieren.

Art. 7º. El pretendiente ocurrirá por escrito al Tribunal Superior de Justicia, acompañando los justificantes que se refieren el artículo 4º. Y pidiendo se le admita a examen.

Art. 8º. El Tribunal, en [vista] del escrito y justificantes citados, resolverá con audiencia del fiscal si admite a examen al pretendiente. En caso afirmativo nombrará para el primer examen una Comisión de cinco abogados que estén expeditos en ejercicio de su profesión, de los cuales el más antiguo tendrá el carácter de Presidente, y el más moderno de Secretario.

Art. 9º. La Comisión efectuará el examen en el día previamente fijado por el Presidente de ella, y el acto comenzará por la lectura que el aspirante dé a la resolución del caso que se la haya propuesto con anticipación de cuarenta y ocho horas; después, cada uno de los miembros de la Comisión hará sucesivamente al examinado las preguntas que estime convenientes sobre los estudios profesionales que prescribe esta ley, y durando su réplica media hora por lo menos.

Art. 10º. Terminando el examen se procederá a recoger la votación que deberá hacerse en escrutinio secreto por medio de cédulas que contengan las palabras "Aprobado" o "Reprobado" siendo necesario para la aprobación del aspirante el voto favorable de la mayoría; en seguida se le comunicará el resultado de aquella, levantándose por final, el acta relativa que firmarán todos los miembros de la Comisión.

Art. 11º. El Tribunal en acuerdo pleno y en vista del acta que la Comisión haya levantado, con motivo del primer examen; recibirá el segundo en el que se observará el mismo orden prescrito para aquel, con solo la diferencia de que el acto debe dar principio con la lectura del instrumento que hubiese redactado el examinando con presencia de los puntos que cuarenta y ocho horas antes se le hayan entregado.

Art. 12º. Si no fuere adverso al aspirante el resultado de este segundo examen hará ante el mismo H. Tribunal la protesta de guardar la Constitución política de los Estados Unidos Mexicanos con sus adiciones y reformas, la particular del Estado, con las leyes que de ambas emanen y de cumplir fielmente las obligaciones anexas a la profesión de Escribano público.

Art. 13º. Reprobado un aspirante, ya sea por la Comisión, ya por el Tribunal, no podrá ser admitido a nuevo examen sino hasta pasados seis meses.

Art. 14º. Cuando algún aspirante fuere autorizado para presentar examen a título de suficiencia, o cuando se disparen alguno o algunos de los estudios profesionales que indica esta ley, la comisión además del examen general de que habla el art. 9º. practicará con anterioridad a él tantos exámenes parciales cuantos sean los grupos de ciencias análogas marcadas en las letras de la fracción V. del art. 3º y cuyo estudio no haya sido justificado en la forma normal.

Art. 15º. Después de sufrido con éxito el último examen profesional, el interesado provisto de las certificaciones respectivas, ocurrirá al Gobierno del Estado para que se le expida el título correspondiente, conforme a las leyes.

Art. 16º. Son aplicables a los aspirantes al título de escribano, las disposiciones contenidas en los artículos 16, 17, 18 y 19 de la ley número 35 del corriente año.

Art. 17º. Queda abolido el uso del signo. Los escribanos usarán en lugar de él, sellos de tinta que tendrán en el centro estas palabras: "República Mexicana, Estado de Veracruz Llave," y en la circunferencia el nombre y apellido del Escribano.

Art. 18º. El Escribano recibido en otros puntos de la Federación conforme a las leyes vigentes en ellos, puede ejercer su profesión en el Estado obtenido el pase del Tribunal.

Art. 19º. A dicho Escribano se concederá el pase con audiencia del Fiscal si acredita lo siguiente:

1º. Que tiene título de Escribano.

2º. Que está expedito en el ejercicio de su profesión.

3º. Que es mayor de veintiún años.

4º. Que ha sido y es persona de buena conducta, y que es la misma persona a que se refiere el título.

Art. 20º. El primer requisito se justificará con la presentación del título.

El segundo y cuarto con una información de siete testigos rendida ante el juez de 1ª. Instancia del último domicilio que haya tenido en el Estado en donde hubiere ejercido su profesión. La información se rendirá en la forma que establezcan las leyes de dicho Estado.

El tercero, con el testimonio del acta de nacimiento o de la partida de bautismo según la época en que hubiere nacido el mencionado Escribano.

TÍTULO SEGUNDO
De los Abogados que pretendan ejercer la profesión de Escribano

Requisitos para expedirles el Fiat

Art. 21º. El Abogado titulado en el Estado que pretenda ejercer la profesión de Escribano, deberá ocurrir por escrito al Tribunal, pidiéndole declare que está apto para ejercerla, a cuyo fin acreditará los requisitos siguientes:

1º. Que tiene título legítimo de abogado.

2º. Que es mayor de veintiún años.

3º. Que está expedito en el ejercicio de su profesión.

4º. Que ha sido y es persona de buena conducta.

Art. 22º. El primer requisito se justificará con la presentación de título de abogado.

El segundo, tercero y cuarto, como está establecido para acreditar los mismos requisitos del art. 3º. de esta ley.

Art. 23º. El Tribunal, en vista del escrito y justificantes respectivos, declarará con audiencia del Fiscal, si el solicitante está o no apto para ejercer la profesión de Escribano. En el primer caso, dispondrá se le expida copia certificada, a su costa, de la declaración para que pueda ocurrir al Gobierno por su título. En el segundo mandará se le comunique la declaración y se le devuelvan los citados justificantes.

Art. 24º. El Abogado de fuera del Estado, queda sujeto a las mismas prevenciones de los artículos precedentes de este título, con la adicción de que antes de solicitar la declaración de su aptitud para ejercer en el Estado la profesión de escribano deberá pedir al Tribunal el pase a su título de abogado.

TÍTULO TERCERO
De las Notarías

Art. 25º. Son Notarías los despachos en que ejercen sus funciones los Escribanos a cuyo cargo están los mismos despachos.

Art. 26º. Los escribanos encargados de las Notarías se llamarán Notarios.

Art. 27º. Todos los oficios públicos que haya en el Estado serán considerados como Notarías.

Art. 28º. Los Notarios en el caso de separarse temporalmente del despacho de sus Notarías, pueden comisionar a otro Notario que resida en el mismo lugar, que los sustituya, dando aviso previamente al Tribunal.

Art. 29º. En los lugares en donde no hubiere más de un Notario, la sustitución será por el Juez de primera Instancia, o por el primero donde haya más de uno, aunque no sea letrado, si la Notaría está en la cabecera del Cantón; por el Juez de Paz, o el primero donde hubiese más de uno, en lugares que no sean cabecera cantonal. El sustituido dará previamente aviso al Tribunal y el sustituto lo hará luego que se reciba de la Notaría.

Art. 30º. En todo caso de sustitución, el Notario sustituido, pondrá una razón en el Protocolo después del último acto que haya autorizado, expresando el nombre del sustituto, el día en que éste se encarga del despacho y motivo por el cual se encarga. Una razón análoga se asentará por el sustituto al concluir la sustitución.

Art. 31º. Serán nulos los actos autorizados por otro Notario que no sean el nato de la Notaría, siempre que el protocolo no preceda la razón a que se refiere la primera parte del artículo anterior.

Art. 32º. Concluida la sustitución, el Notario sustituido dará aviso al Tribunal de haber vuelto a encargarse de la Notaría, y su sustituto de haber entregado.

Art. 33º. El notario que varíe de residencia entregará bajo inventario el protocolo y archivo de la Notaría que tuviese a su cargo, previo aviso al Tribunal, a los Jueces a que se contrae el artículo 29º. de esta ley en sus respectivos casos, quienes los conservarán para entregarlos por orden del Tribunal, al Escribano que hubiese obtenido del mismo cuerpo la autorización respectiva.

Art. 34º. Cuando los Jueces reciban el protocolo y archivo de una Notaría, en el caso del artículo precedente, solo podrán expedir los testimonios de las escrituras que sean de darse y que obren en dicho protocolo; pero si en el lugar no hubiere otro Notario, los mismos jueces podrán entonces despachar la Notaría a que pertenecen el protocolo y archivo mencionados.

Art. 35º. En los casos de muerte, ausencia o imposibilidad de un Notario, depositarán luego su protocolo, según que esté en la cabecera Cantonal o fuera de ella, los jueces de que habla el artículo 38º. de esta misma ley, para los efectos del artículo 33º., dando inmediatamente aviso al Gobierno y al Tribunal.

Art. 36º. Ningún Notario podrá tener a su cargo más de una Notaría, salvo el caso de sustitución temporal a que se contrae el artículo 28º.

Art. 37º. Los Notarios pueden permutar sus respectivas Notarías con autorización del Tribunal.

Art. 38º. Tendrán sus Notarías fuera de sus casas, y son personal y pecuniariamente responsables por el extravió de sus protocolos y archivos; siendo obligación de los Jefes políticos o Alcaldes municipales, en caso de guerra actual o próxima, según que la Notaría se encuentre o no en la cabecera del Cantón, procurar que tales archivos se coloquen en lugares que a su juicio sean más seguros.

TÍTULO CUARTO

CAPÍTULO 1°
De los protocolos. Requisitos para la Redacción y Autorización de escrituras y demás documentos

Art. 39º. Los notarios no podrán confiar sus protocolos a persona alguna, ni aun a sus dependientes. Ellos mismos los llevarán cuando fuere necesario recoger firmas de otorgamiento a personas que no puedan concurrir a la Notaría, en cuyo único caso podrán sacarlos de ella.

Art. 40º. Cuando se ofrezca en algún Juzgado o Tribunal el examen o reconocimiento de un protocolo, el juez del negocio o el requerido legalmente al efecto, pasará a la Notaria que corresponda a verificar el reconocimiento. Lo mismo se observará por cualquier otra autoridad en los casos que puedan ocurrir.

Art. 41º. Los Notarios formarán las escrituras públicas tomando primeramente nota de lo que han contratado las partes, a presencia de estas y de los testigos en un cuadernillo de papel común que se llamará minutario. En seguida pondrán por extenso esta relación sucinta en un libro de papel entero con los timbres correspondientes, que se llama protocolo o registro, el cual debe quedar en poder del Notario y de esta escritura matriz se sacarán los traslados necesarios. La primera copia se llamará primordial y la segunda o tercera copia simplemente con la adición del número que le corresponda.

Art. 42º. Los mismos observarán las siguientes prevenciones en el otorgamiento de cualquiera escritura, sin perjuicio de las especiales que las leyes exigen para cada caso en particular.

1º. Expresarán el lugar, hora, día, mes y año en que se otorga, con letra y no con guarismos ni abreviaturas.

2º. La capacidad, profesión, vecindad, domicilio actual de los otorgantes y de los testigos instrumentales.

3º. Especificarán las cláusulas y renunciaciones por medio de proposiciones precisas y claras, enumeradas en forma de artículos.

4º. Explicarán a los otorgantes, lo que harán constar, el valor y fuerza de dichas cláusulas y renunciaciones, principalmente en que mira a las leyes y privilegios que renunciaren.

5º. Extendida íntegramente la escritura, la leerán a los otorgantes en presencia de los testigos, advirtiéndoles la inscriban en el Registro Público en los casos en que la ley prevenga este requisito; y si la aprueban firmarán ellos con los testigos. Si los otorgantes no supieren o no pudieren firmar, lo hará por ellos uno de los testigos u otro, haciendo mención los notarios de esas circunstancias, y firmando ellos mismos inmediatamente después que lo hayan hecho los otorgantes y los testigos, bajo la pena de veinticinco a cien pesos de multa o un mes de suspensión.

6º. Nunca servirán para testigos instrumentales los amanuenses de los notarios.

7º. Si las partes añadieren o quitaren algo, los notarios deberán expresarlo antes de las firmas.

8º. Si no conocen a los otorgantes, no deben extender la escritura, mientras no se les presente los testigos conocidos, que pueden ser los instrumentales, que conozcan a los otorgantes, debiendo poner al fin el nombre de dichos testigos y el lugar de su vecindad, o dando fe de los otorgantes si los conoce.

Art. 43º. Los notarios redactarán las escrituras en idioma castellano, y observarán las previsiones siguientes:

1º. Las escrituras serán de letra clara sin abreviaturas ni guarismos, y se podrán todas las cantidades por letra aun cuando las habrán de poner también por guarismos en oraciones aritméticas, que así lo requieran para su perfección y claridad.

2º. No se dejarán blancos o huecos, ni entre renglón y renglón, ni entre una escritura y otra.

3º. No podrán hacerse enmendaduras, enmendaduras, ni entrerrenglonaduras. Cualquier omisión o errata se salvará al fin de la escritura haciéndose las adiciones o rectificaciones necesarias precisamente antes de las firmas.

4º. Las escrituras no se sujetarán a formulario, ni se podrán en ella más cláusulas que las convenidas en las partes, omitiéndose las que se llaman de estampilla.

Art. 44º. Cuando los otorgantes o alguno de ellos no sepan el idioma castellano, deberán dos peritos ir traduciendo al notario lo que aquellos manifiesten, y firmarán también la escritura; debiendo el notario hacer constar estas circunstancias.

Art. 45º. Las escrituras se extenderán dejándose a la izquierda un margen de una tercera parte del papel que servirá para las razones y anotaciones que, conforme a la ley, deban ponerse.

Art. 46º. Al principio del margen de cada escritura se anotará lo siguiente:
1º. El número que corresponda a la escritura, por guarismo y por letras.
2º. El nombre del contrato que se ha celebrado.
3º. Los nombres y apellidos de los otorgantes.

Art. 47º. Bajo el número que corresponda en el orden progresivo de la numeración de las escrituras, pondrán los Notarios públicos en el protocolo con expresión de la fecha y hora, una razón que contenga a la letra lo escrito sobre la cubierta de los testamentos cerrados, que en el mismo día autorizaren, cuya razón firmarán y de ella tomarán nota en el índice de que habla el artículo 52.

Art. 48º. Los mismos testamentos que se hayan protocolizado, se anotarán expresando el número bajo el cual se tomó razón de ellos en el protocolo, la fecha del otorgamiento y los nombres de testigos. Se omitirán lo nombres de los otorgantes.

Art. 49º. De todos los documentos referentes a una escritura o que deban formar parte de ella, se hará especial mención en la misma escritura, con expresión de las fojas que contengan; pero no se agregarán al protocolo, sino que de ellos se formará por separado un legajo cosido y foliado en que irán colocándose sucesivamente, por orden numérico. En la referencia al documento, se hará mención del número con que se encuentra colocado en el legajo.

Art. 50º. Cuando los otorgantes o alguno de ellos no quisieren firmar la escritura, y pasados ocho días no lo hacen, se inutilizará dicha escritura poniéndose esta razón, con expresión de la fecha: "No pasó por no haber querido firmarla él o los otorgantes, ni haberse presentado a hacerlo dentro del término de la ley".

Art. 51º. En las protocolizaciones se copiará a la letra en el protocolo el instrumento que deba protocolizarse y se agregará al legajo de documentos, bajo el número que le corresponda.

Art. 52º. De todos los instrumentos se llevará con el día un índice por el orden con que se vayan extendiendo y al fin del año el notario lo firmará, rubricará sus fojas certificando el número de estas, y lo agregará al legajo de documentos que debe tenerse como partes del protocolo, y este libro se cerrará con una copia del índice autorizado en forma.

Art. 53º. Los notarios llevarán además un índice mensual que confrontarán el día primero de cada mes, acompañados del Jefe Político del Cantón o del Alcalde Municipal según que la Notaría esté o no en la cabecera del Cantón, con el índice de que habla el artículo anterior, poniendo razón de la conformidad de ambos índices entre sí, y con el protocolo, asentando la fecha de la confrontación; autorizando esta los citados funcionarios y notario respectivo, y remitiéndose copia simple del índice al Gobierno por los primeros, y el índice original al Tribunal por el segundo.

Art. 54º. Los notarios certificarán al fin de cada año y al calce de la última escritura, el número de las otorgadas en el año, con expresión de las que hayan pasado, remitiendo al Gobierno y al Tribunal copias simples de las mismas certificaciones.

Art. 55º. En el Gobierno y Tribunal se formarán los legajos respectivos, con los índices y copias de que hablan los dos artículos precedentes.

Art. 56º. Ningún Notario podrá autorizar escritura, en que él mismo, su mujer, su pariente o afín en línea recta, ascendiente o descendientes en cualquier grado, y en la colateral hasta el cuarto por consanguinidad, y tercero por afinidad, fueren o estuvieren personalmente interesados, bajo la pena de privación de oficio y nulidad de las disposiciones en el que el notario, su mujer o parientes en los grados que se designan, fueran interesados.

Art. 57º. En la misma pena de privación de oficio incurrirá el Notario que autorice escritura contra expresa prohibición de las leyes.

Art. 58º. En todo caso que la escritura resultare nula e ineficaz por inobservancia de las formalidades requeridas para su validez, el Notario deberá indemnizar a las partes de los daños y perjuicios que se les ocasionen, además de sufrir las penas a que se hiciere acreedor.

CAPÍTULO 2
Reglas para la expresión de copias

Art. 59º. Podrá dar copia de escritura únicamente el Notario que hubiere autorizado el acta a que se refiere, o el que tuviere a su cargo el registro o protocolo. Dada la primera a los interesados no expedirá otra sino con mandamiento judicial.

Art. 60º. Un Notario público podrá dar copia de otra copia cuando esta se hubiere protocolizado en su notaría en virtud de mandamiento judicial para que sirva de registro. La protocolización en este caso se verificará con citación de las partes interesadas en el instrumento.

Art. 61º. Los Notarios expedirán las copias con los timbres correspondientes y las entregarán a las partes dentro de tres días contados desde el día en que las pidieren, siendo la escritura de dos pliegos o menos, y dentro de seis días si tuvieren más pliegos.

Art. 62º. No darán noticia ni copia de las escrituras ante ellos otorgadas sin previo mandato judicial, a otras personas que los directamente interesados, sus herederos, sucesores o representantes. A los legatarios solo puede darse copia de la cabeza o pie del testamento y cláusula del legado. Cuando las leyes requieran se dé previo aviso por el Notario a alguna autoridad u oficina, no expedirá la copia sin haber antes cumplido con estas prevenciones.

Art. 63º. Los Notarios anotarán en el registro las copias que dieren, a quienes y en qué fecha, y si fuera por mandamiento judicial, el que deberán agregar al legajo de documentos relativos al protocolo, citándole en la anotación por el número que llevare.

Art. 64º. Cuando después de expedidas las copias de un instrumento, se quisiere hacer en él alguna anotación referente a otro acto o instrumento que modifique el anotado o de alguna manera influya en sus efectos legales, el Notario no podrá hacerla sin que se presenten las copias que hubiere dado para hacer constar la anotación en ellas. En caso de que por extravío no le pudieren ser presentadas, no hará la anotación en el registro, sino en virtud de mandamiento judicial.

TÍTULO QUINTO
De las sub-notarías

Art. 65º. Habrá sub-notarías en las cabeceras municipales en que no hay Notaría.

Art. 66º. Las sub-notarías estarán a cargo del Juez de Paz, o del primero donde haya más de uno.

Art. 67º. Las sub-notarías observarán respectivamente en la formación de protocolo, la redacción y autorización de escrituras y expedición de copias, las prevenciones de los capítulos 1º. y 2º. del título 4. de esta ley, y las que se expresan a continuación.

Art. 68º. Los instrumentos otorgados ante los sub-notarios, no se considerarán como públicos antes de su inscripción en el protocolo de un Notario de la cabecera del Cantón, conforme al artículo siguiente.

Art. 69º. Los sub-notarios, a más tardar dentro del sexto día del otorgamiento de cualquiera escritura, sacarán copia de ella autorizada y firmada también por los otorgantes como al original, y la entregarán a los respectivos interesados con oficio de remisión para el Notario de la Cabecera que elijan, a quien deberán presentarse dentro de los quince días siguientes. Pasado este término, no podrá practicarse la diligencia de que habla el artículo siguiente sin que se otorgue de nuevo el respectivo instrumento.

Art. 70º. Dicho Notario insertará en su libro corriente, la comunicación y escritura, devolviendo la copia a las partes después de poner al calce de la misma, certificación de quedar registrada en el protocolo, con expresión de la foja y fecha del registro. Cuando se debiera dar más de una copia, se expedirán las que correspondan por el sub-notario, remitiéndose todas con un oficio, y el Notario encontrándolas conformes, y haciendo una sola inserción en su libro, pondrá la certificación en cada una expresando la parte para quien se expida.

Art. 71º. Los protocolos que, a la fecha de promulgación de esta ley en cada Cabecera Municipal, tengan formados los Jueces de Paz por lo relativo a las escrituras que hubieren autorizado, conforme a sus facultades, se cerrarán por los mismos [jueces], en presencia del Alcalde Municipal respectivo, poniendo razón con expresión de la fecha, mes y año, del número de las escrituras otorgadas hasta la feche citada, y firmarán tanto ellos como el alcalde municipal.

Art. 72º. Remitirán al Tribunal por conducto regular, copia certificada de dicha razón.

Art. 73º. Para las escrituras que tengan que otorgar como sub-notarios, formarán nuevo libro para el protocolo.

Art. 74º. Los protocolos de que hablan los artículos 71º. y 73º. de esta misma ley, los Jueces de Paz los entregarán bajo inventario al notario que se establezca en la Cabecera Municipal, cuando dicho notario hubiere obtenido la correspondiente autorización del Tribunal para que se le entreguen.

Art. 75º. Los Jueces de Paz, cuando se separen del juzgado por cualquiera causa entregaran bajo inventario los protocolos en las sub-notarías, a las personas que los sustituyan conforme a la ley, dando cuenta al Tribunal con remisión de copia del inventario

TÍTULO 6º
Del funcionario ante quien deben otorgarse las Escrituras en las Cabeceras del Cantón en que no haya notario

Art. 76º. En las Cabeceras del Cantón en que no haya notaría, continuarán los jueces de 1ª. instancia sean o no, letrados, otorgando escrituras, sujetándose para ello a las prevenciones de los capítulos 1º. y 2º. del título 4º. de esta ley.

Art. 77º. Los protocolos que tengan formados, o que formen en los sucesivo, podrán ser entregados con autorización del Tribunal al escribano que los solicite, y que tenga establecida su notaría en la Cabecera del Cantón.

Art. 78º. Los referidos jueces cuando se separen de los juzgados por cualquiera causa cumplirán con lo prevenido en el art. 75º. de esta ley.

Art. 79º. Disfrutarán toda la utilidad pecuniaria que como derechos convinieren con las partes, o en defecto de convenio, las que señala el arancel a los notarios por las escrituras que autoricen.

TÍTULO 7º
Disposiciones generales

Art. 80º. Los notarios y sub-notarios cobrarán sus derechos por convenio con las partes, y en defecto de este con arreglo a los aranceles establecidos; pero en cualquiera caso, los anotarán bajo su firma en los documentos o copias que expidieren a los interesados.

Art. 81º. Los notarios, sub-notarios y jueces del 1ª. instancia que tengan a su cargo una notaría fijarán en el interior de sus notarías, pero en lugar conveniente para que se puedan leer, una copia del arancel en lo relativo a sus derechos y un listado de las personas incapacitadas legalmente de administrar sus bienes por decreto judicial. A este fin, los jueces y el Tribunal Superior comunicarán a los notarios y sub-notarios respectivos, todas las declaraciones que hagan sobre este particular.

Art. 82º. En todas las faltas o infracciones de esta ley que no llevan pena determinada, los Jueces y el Tribunal castigarán a los infractores con multas desde veinticinco hasta trescientos pesos, y con suspensión de oficio hasta por un año según la gravedad de ellos.

Art. 83º. Las penas de que habla esta ley se impondrán por la primera autoridad judicial del Cantón en que reside el notario, con revisión por el superior respectivo.

Art. 84º. Por el auto de prisión que se pronunciare contra un notario, queda suspenso en su oficio hasta la terminación de la causa o revocación de aquel; incurriendo en la pena de falsedad el notario que continuare ejerciendo su profesión después de hacerle saber en forma el auto de prisión.

Art. 85º. Los sub-notarios y jueces del 1. Instancia que actuaren como notarios en los casos de esta ley, autorizarán sus actos, con dos testigos de asistencia, e interviniendo los instrumentales que exijan las leyes.

Art. 86º. Los protocolos existentes en el Estado que no pertenecen a oficios vendibles y renunciables y los demás que se formen con arreglo a esta ley, son propiedad del Estado.

Art. 87º. Los notarios que intervengan en un juicio como apoderados, no podrán otorgar en su notaría escritura alguna que se relacione de algún modo con el citado juicio.

Art. 88º. En los casos de muerte, ausencia o imposibilidad de los dueños de los oficios publicados de propiedad particular, si no se hiciere la sustitución como previene el art. 28º. se encargará del oficio público el juez de 1ª. instancia o el de paz, según que dicho oficio se encuentre, o no, en la Cabecera del Cantón, dando cuenta al Tribunal. Si pasado un mes, el propietario no hubiere puesto escribano hábil en el ejercicio de la profesión, que se haga cargo del oficio, se nombrará notario interino pro el mismo Tribunal.

Art. 89º. En los casos del artículo anterior, los jueces o notario interino, convendrán con el propietario, la remuneración que deba dársele por su trabajo.

Art. 90º. Se abrogan todas las leyes, decretos y disposiciones que se opongan a la presente o traten de materia comprendida en esta misma ley.

Dado en el salón de sesiones de la H. Legislatura. Orizaba. Julio 2 de 1883.– A. Grande Guerrero, diputado presidente. - L. Rincón; diputado secretario. Por tanto, mando se imprima, publique y circule para general conocimiento. Orizaba, Julio 6 de 1883.– A. Castillo. - R. Rodríguez Rivera-secretario.

LA FUNCIÓN NOTARIAL Y LA JURISPRUDENCIA DE LA SUPREMA CORTE

JOSÉ RAMÓN COSSÍO DÍAZ
Ministro en retiro
Miembro de El Colegio Nacional
Profesor en El Colegio de México

I. INTRODUCCIÓN

En los últimos años se han producido diversos cambios en la función notarial; es decir, en la actividad llevada a cabo por el notariado del país. Al ser el aspecto más evidente, la convencionalidad del proceso mismo se ha identificado con la inserción de los derechos humanos de fuente constitucional. Al respecto, es indudable que la incorporación de esta categoría ha producido —y habrá de producir— importantes transformaciones en las normas y las prácticas de toda la actividad, lo cual no implica en modo alguno que el proceso quede reducido sólo a esa causa.

Lo que en realidad tenemos es que, más allá de la inserción de ese tipo de derechos, sobre el notariado están recayendo diversas presiones provenientes de distintas matrices y que a ellas, desde luego, habrán de incorporarse otras más en el futuro próximo. A lo que me refiero es al conjunto de actividades que desde el Estado (*lato sensu*) se le han agregado a lo que, solo por vía de referente, bien podemos calificar como "modelo clásico".

Al hablar de este "modelo" no estoy considerando que la actividad notarial se reduzca a él. De hecho, desde la Ley del Notariado para el Distrito Federal y Territorios Federales, de 1946, se contemplaban algunas facultades que desbordaban sus contornos. Más bien me estoy refiriendo al hecho de que las descripciones de las funciones notariales parecen reducirse al exclusivo otorgamiento de la fe pública cuando, en realidad, este es solamente uno de los distintos quehaceres notariales. Es importante resaltar que, a pesar de que en los últimos años se fueron agregando algunas tareas relevantes al notariado, ninguna de ellas modificó sustancialmente la visión tradicional. Es solo hasta la aparición de las tareas vinculadas con el control de las operaciones con recursos de procedencia ilícita, la tramitación de juicios sucesorios o la participación en el arbitraje o la mediación, que el entendimiento notarial se ha transformado; sin embargo, y por paradójico que parezca, no fueron estas modificaciones las que por sí mismas provocaron los cambios. Fue su inserción en los tiempos de lo que genéricamente llamaré *derechos humanos.*

Lo que quiero expresar es la concurrencia en el tiempo y en el espacio jurídicos, de una doble situación. Por una parte, la asignación de mayores tareas a los notarios como parte de los requerimientos estatales hacia una actividad delegada. El control del lavado de dinero, por ejemplo, se dio en un proceso de descentralización por la magnitud y recurrencia de las operaciones que llevaban a cabo los funcionarios estatales. Ante la imposibilidad de controlar todos los movimientos desde el ámbito estatal, a los notarios se les asignaron esas tareas de control. Eso mismo sucedió, me parece, con otros aspectos vinculados con la señalada descentralización estatal.

Por otra parte, y más allá de que estas actividades tomaron relevancia, su visibilización se logró por la intersección de los temas notariales, de manera próxima, con el juicio de amparo y, un poco más remota, con los derechos humanos. Los cambios legales al "modelo clásico" del notariado —al mero otorgamiento de la fe pública— no se hubieran advertido sin haber quedado sujetos a los derechos humanos y, por lo mismo, a las posibilidades impugnativas y publicitarias del juicio de amparo.

La transformación del notariado se ha hecho patente por los casos en los que los particulares reclaman ante una autoridad judicial lo que, consideran, son violaciones a sus derechos humanos. Como parte del amplio proceso de revisión de un sinnúmero de temas considerados a la luz de las garantías individuales, se han venido produciendo nuevos criterios bajo la perspectiva de los derechos humanos constitucionales y convencionales. Lo que los notarios han hecho u omitido, tanto en sus tareas tradicionales como en las que recientemente se les han agregado, ha tenido que someterse a revisión conforme a las pautas de estos "nuevos" derechos. Es de este modo que el notariado ha quedado sujeto a un escrutinio nuevo, tanto por la materia a revisión como por el criterio para hacerlo. Lo que parece ser una transformación proveniente en exclusiva de los derechos humanos, en realidad se trata de una operación más bien conjunta en la que intervienen esos mismos derechos, así como las nuevas atribuciones del notariado en un contexto crecientemente perceptible y argumentativo.

Como no podría ser de otra manera, los criterios que hasta hoy en día se han emitido tienen un carácter provisional. Pueden ser revocados o ajustados en los años por venir a causa de una multiplicidad de factores que van desde pequeños ajustes legislativos hasta transformaciones en la integración de los correspondientes órganos jurisdiccionales. Es por lo anterior que todo señalamiento acerca de los criterios jurisprudenciales debe ser tomado con la relatividad propia de estas condiciones de mutabilidad. Por otra parte, es importante señalar que existen algunos temas que desde ahora sabemos que están por llegar a los tribunales y, en particular, por resolverse en la Suprema Corte de Justicia como máxima autoridad jurisdiccional del país. Sobre ellos no tenemos una definición jurídica precisa sino únicamente la predicción de que habrá de darse. Finalmente, resulta posible identificar desde ahora problemas que, sugeridos por otros criterios jurisprudenciales, habrán de presentarse en los tribunales. La condición dinámica del orden jurídico provoca la aparición de nuevos inconvenientes y decisiones, sencillamente porque nuevos actores consideran afectados sus derechos y demandan su reconocimiento ante una concreta autoridad jurisdiccional.

Partiendo de los tres supuestos acabados de mencionar, a continuación trataré cuatro tipos de situaciones jurídicas. En primer lugar, los criterios que, con todas las prevenciones ya apuntadas, podemos considerar razonablemente estables para la actividad notarial al haber sido resueltos en la Suprema Corte. En segundo lugar me referiré por vía de ejemplo a un par de casos en los que, previsiblemente, la resolución judicial dictada para determinar un punto de derecho habrá de convertirse en un caso futuro ante la Suprema Corte. En tercer lugar, las posibilidades de mantener la congruencia interna de los criterios jurisprudenciales a la totalidad de los casos en los que la función notarial se encuentre concernida. Finalmente, algo apuntaré sobre el papel que los notarios pueden y deben jugar en el proceso de transformación en que están inmersos.

Lo que con este breve ensayo quiero poner de manifiesto, a través de los tipos de situaciones jurídicas examinadas, son cuatro cosas. Por una parte y de modo evidente, la existencia de un conjunto de criterios reguladores de la función notarial, más allá de sus vicisitudes y posibles transformaciones. Por otra parte, la demostración de que esta materia jurídica —como cualquier otra— no sólo está sujeta a cambios sino, destacadamente, a una iteración constante a partir de los criterios normativos y las prácticas con ellos relacionadas. También la posibilidad de enfrentar una pluralidad de casos a partir de una misma base jurisprudencial. En último lugar, el hecho de que los notarios pueden cumplir diversos papeles e incidir de maneras distintas en la conformación del orden jurídico mexicano. Este último aspecto es particularmente relevante porque a partir de una toma de conciencia, el notariado nacional puede definir la manera en la que la función que desempeña habrá de manifestarse.

En la actualidad el notariado se encuentra en lo que llamaré un proceso de exploración jurisprudencial de carácter fundamentalmente procedimental. Esto es así porque —como sucede con el resto de las materias sometidas al control de regularidad constitucional y/o convencional—, en los comienzos suele haber un enfoque en los temas de esa naturaleza —procedencia, legitimación, representación, etc.—. Con el paso del tiempo es muy probable que, a partir de las condiciones procesales establecidas, se vayan explorando temas o aspectos sustantivos de la propia función. Los precedentes con los que actualmente contamos tienen que ver, sobre todo, con la determinación de los notarios como autoridades responsables para efectos del juicio de amparo. Creo —insisto— que una vez conformado este aspecto con una cierta estabilidad asistiremos a la definición de otros aspectos sustantivos de su quehacer.

Como tantas otras cosas en materia jurídica, este ensayo radica en la provisionalidad de los aspectos presentes aunque, al mismo tiempo, pretende iluminar algunas cuestiones acerca de lo que previsiblemente se dará en el futuro próximo.

II. CRITERIOS EN VIGOR

En este apartado consideraré los criterios que, como dije, tienen un cierto grado de estabilidad; es decir, que al menos por ahora muestran un consenso entre los integrantes de la Suprema Corte, más allá de que en el futuro puedan ser modificados.

1) Escrituraciones

A mediados de marzo del 2024, la Primera Sala determinó en la contradicción de tesis 24/2021 que cuando los notarios públicos no hacían entrega de una escritura pública encomendada por los particulares, no se surtían los extremos para considerar la negativa como un acto de autoridad en materia de amparo. A juicio de la Sala, la mera elaboración de la escritura pública en la que queda plasmada la voluntad de las partes o la falta o retraso en su entrega no podría tener el alcance de un acto de autoridad debido a que el notario se limitaba a dar forma y trámite a los actos, hechos o negocios celebrados por las partes de manera voluntaria.

Desde la misma perspectiva, la Sala consideró que la autorización llevada a cabo por el notario con su sello y firma —así como la correspondiente entrega del instrumento notarial— no podría equipararse a un acto de autoridad ya que a través de estos actos no actuaba en un plano de supra a subordinación. Finalmente determinó que la omisión del notario de realizar la entrega de un instrumento notarial podía llegar a causar diversas afectaciones a los ciudadanos. De manera que ello podía considerarse una falta o delito en el desempeño de las actividades del notario y, por lo mismo, ser susceptible de recibir alguna sanción o dar lugar a responsabilidades jurídicas civiles, administrativas e incluso, penales.[1]

2) Impuestos

La Segunda Sala estableció, al resolver la contradicción de tesis 174/2015 en agosto de 2015, que cuando el notario público lleva a cabo el cálculo, retención o entero del impuesto sobre adquisición

---

1 Pendiente de publicación.

de inmuebles, no tenía el carácter de autoridad responsable para efectos del juicio de amparo. Ello fue así porque "no actúa de manera unilateral y obligatoria sino en cumplimiento de las disposiciones que le ordenan la realización de esos actos, de donde se entiende que actúa como auxiliar del fisco".[2]

3) Sucesiones

Al resolver en septiembre de 2008 la contradicción de tesis 3/2007, la Primera Sala determinó, por mayoría de votos, que conforme al artículo 11 de la Ley de Amparo entonces en vigor, los notarios públicos no eran autoridad para efectos del juicio de amparo cuando actuaban como simples fedatarios de los actos o hechos que los particulares sometían a su protocolización. Específicamente sostuvo que

> una vez radicada la sucesión ante el juez natural y hecha la declaratoria de herederos, cuando éstos sean mayores de edad, los menores estén debidamente representados y haya designación del albacea, podrá continuarse extrajudicialmente el trámite sucesorio ante notario público, siempre y cuando no se suscite controversia, pues en caso de haberla, el mencionado fedatario debe suspender su intervención y a costa de los interesados remitir testimonio de lo que haya practicado al juzgado que previno, para que judicialmente continúe el procedimiento, sin que los interesados puedan volver a separarse de éste.[3]

---

2 La Sala agregó que, sin embargo, ese acto notarial implicaba la aplicación de una norma general para efectos de la promoción del correspondiente juicio de amparo. *Gaceta del Semanario Judicial de la Federación*, Décima Época, libro 22, septiembre de 2015, tomo I, p. 510.

3 En el criterio se asentó que conforme a diversos artículos de los códigos de Procedimientos Civiles de Jalisco y Nuevo León, "el notario público actúa en dicho trámite como simple fedatario de los actos o hechos que para su protocolización le someten los particulares, de manera que si entre éstos y aquél no existe una relación de supra a subordinación, en tanto que la actividad del fedatario no es un acto unilateral que pueda prescindir del consentimiento de los gobernados, pues son ellos quienes la solicitan, es evidente que su intervención no puede considerarse acto de autoridad; máxime que no actúa unilateralmente para crear, modificar o extinguir por sí o ante sí situaciones jurídicas que afectan la esfera legal de los particulares, sino que sólo las hace constar. En ese sentido, se concluye que cuando un tercero que se dice extraño al trámite de una sucesión llevada ante notario público, lo reclama alegando que se le desconocieron sus derechos hereditarios, en términos del artículo 11 de la Ley de Amparo, el aludido fedatario no tiene el carácter de autoridad responsable para los efectos

A su juicio, ello era así porque entre el notario público y los particulares no existía una relación de supra a subordinación porque su intervención dependía de la solicitud y consentimiento de los gobernados.

Al resolver la contradicción de tesis 364/2016 en marzo de 2019, la Primera Sala consideró que los notarios no podían ser considerados como autoridades responsables equiparadas para efectos del juicio de amparo al tramitar sucesiones extrajudiciales testamentarias o legítimas. El argumento de la Sala consistió en señalar que en tales casos no existía una relación de supra subordinación respecto de los particulares en tanto se limitaban a dar fe de la situación jurídica generada a partir de la muerte del de *cujus*, así como de los actos llevados a cabo por los herederos, legatarios y albacea, ya fuera entre ellos o con terceros. Además, la Sala señaló que, mediante su práctica, los notarios no emitían actuaciones unilaterales de creación, modificación, transmisión o extinción de derechos y obligaciones ni generaban nuevas situaciones jurídicas al desplegar la fe pública delegada por el Estado.[4]

III. CASOS POR VENIR

En este apartado voy a considerar dos casos en los que, por haberse dado ya un pronunciamiento judicial es probable que en el futuro tengan que emitirse resoluciones de la Suprema Corte. Como lo señalé en la introducción a este ensayo, las condiciones dinámicas de los órdenes jurídicos modernos —desde luego el nuestro entre ellos— hacen altamente probable que lo ya resuelto por los tribunales federales se considere por la Suprema Corte en un juicio de amparo o en la resolución de una contradicción de tesis.

---

del juicio de amparo, además de que la falta de llamamiento al trámite indicado no constituye un acto definitivo sino una controversia que debe resolver el juez natural que previno en el conocimiento del juicio sucesorio". *Semanario Judicial de la Federación y su Gaceta*, Novena Época, tomo XXIX, febrero de 2009, p. 199.

4 *Gaceta del Semanario Judicial de la Federación*, Décima Época, libro 69, agosto de 2019, tomo II, p. 1119.

1) Personas con discapacidad

A finales de 2022, la Primera Sala resolvió un amparo cuyos antecedentes conviene tener en cuenta. Ante un notario público compareció un grupo de personas con discapacidad, solicitando que emitiera el correspondiente instrumento notarial en un formato de lectura fácil. El notario respondió que ello no era posible por la obligación que le imponían los artículos 450, fracción II, del Código Civil para el Distrito Federal (CCDF); y 102, fracción XX, y 105 de la Ley del Notariado para el Distrito Federal (LNDF), entonces en vigor. El notario, por una parte, emitió la escritura constitutiva de la asociación civil al no percatarse de algún tipo de "incapacidad" de los otorgantes y, por otra, no dio curso a la solicitud mencionada. Con base en esta negativa los afectados reclamaron en amparo la inconstitucionalidad e inconvencionalidad de los preceptos señalados.[5]

La Primera Sala estableció que los artículos citados eran contrarios al derecho de las personas mayores de edad con discapacidad al reconocimiento de su capacidad jurídica plena pues aun cuando su seguridad jurídica quedaba garantizada, autorizaban al fedatario a negar los apoyos necesarios para que dichas personas expresaran debidamente su voluntad.

Partiendo de esta determinación, la Sala estableció que, conforme a las obligaciones contraídas por el Estado mexicano al suscribir la Convención sobre los Derechos de las Personas con Discapacidad, el notario público tiene la obligación de realizar ajustes razonables en los trámites que le fueren solicitados para hacer viable el ejercicio de la capacidad jurídica de los mayores de edad con discapacidad, mediante la implementación de un sistema de apoyos y salvaguardias.[6] De manera particular, estableció que debían hacerse constar, por ejemplo, las declaraciones expresas sobre la condición de discapacidad de los asociados otorgantes y la comparecencia de personas de apoyo designadas por estos, así como proporcionar las condiciones de accesibilidad que se le requieran —emisión de un formato de

---

5 *Gaceta del Semanario Judicial de la Federación*, Undécima Época, libro 20, diciembre de 2022, tomo II, p. 1257.

6 *Gaceta del Semanario Judicial de la Federación*, Undécima Época, libro 20, diciembre de 2022, tomo II, p. 1254.

lectura fácil de la escritura y una explicación clara y sencilla del acto jurídico—.[7]

2) *Hechos violatorios de derechos humanos*

En octubre de 2014, el Primer Tribunal Colegiado en Materia Civil del Sexto Circuito resolvió que conforme al artículo 47, fracción V, de la Ley del Notariado de Puebla, los notarios de esa entidad están impedidos para dar fe de actos o hechos violatorios de derechos humanos. Por lo mismo, "cuando en la demanda de amparo se plantea precisamente que el notario responsable con su actuar viola derechos humanos de la parte quejosa, es inconcuso que a dicho fedatario sí le reviste el carácter de autoridad responsable para los efectos del juicio de amparo".[8]

IV. LOS ACTUALES CRITERIOS JURISPRUDENCIALES Y SUS FUTURAS CONDICIONES DE APLICACIÓN

Al resolver la contradicción de tesis 24/2021, la Primera Sala estableció que los conceptos de "autoridad" y "acto de autoridad" habían evolucionado en la jurisprudencia de la Suprema Corte. Que en una primera etapa se relacionó con el uso de la "fuerza pública"; que en una posterior se tomó en cuenta la existencia de los organismos descentralizados y las empresas de participación estatal, en tanto que no podían ser insertadas en tal condición de coactividad. A juicio de la propia Sala, "el actual criterio del Tribunal Pleno atiende al análisis de la situación jurídica del momento y otorga centralidad a la existencia de una norma jurídica que dote de una facultad para tomar decisiones o resoluciones que afecten unilateralmente la esfera jurídica del ciudadano, cuyo cumplimiento puede exigirse mediante el uso de la fuerza pública o bien, a través de otras autoridades".[9]

---

7 *Gaceta del Semanario Judicial de la Federación*, Undécima Época, libro 20, diciembre de 2022, tomo II, p. 1252.

8 *Gaceta del Semanario Judicial de la Federación*, Décima Época, libro 15, febrero de 2015, tomo III, p. 2806.

9 *Gaceta del Semanario Judicial de la Federación*, Undécima Época, libro 20, diciembre de 2022, Tomo II, p. 1655.

Partiendo de lo anterior, la Primera Sala consideró —lo que en buena medida es compartido por la Segunda Sala—, que el análisis que debe llevarse a cabo para fijar la condición de "autoridad" y de "acto de autoridad" debe recaer en la posibilidad de afectación unilateral a partir de las facultades conferidas mediante una ley, en términos del artículo 5° de la Ley de Amparo en vigor. Que la fijación de esas condiciones jurídicas debía pasar por la identificación precisa de las posibilidades de afectación sin tener que recurrir a otros elementos valorativos o normativos.

A pesar de lo anterior —y de la argumentación hecha por la propia Primera Sala al resolver la contradicción de tesis 364/2016, en el sentido de que era necesario revisar los criterios emitidos para hacerlos conformes con los parámetros de la nueva Ley de Amparo, en particular lo relativo a los nuevos lineamientos para determinar los supuestos en que los particulares se equiparan a la autoridad para efectos del juicio de amparo—, lo cierto es que ambas salas han mantenido un punto de fuga que les ha permitido obviar el criterio de afectación unilateral a fin de darle plena cabida al de la relación de supra a subordinación.

En las contradicciones consideradas, la noción de unilateralidad se obvió a fin de darle cabida a la de "subordinación". La narrativa utilizada fue la siguiente:

> para que pueda otorgársele a alguien el carácter de autoridad responsable tiene que darse necesariamente la relación de supra a subordinación, pues tratándose de los otros tipos de relaciones (de coordinación o de supra ordinación) los sujetos se ubican en un plano de igualdad, por lo que no se da la característica de un sujeto que tenga superioridad respecto del otro, que es la nota distintiva para determinar que, en esos casos, se está en presencia de un acto de autoridad.

En modo alguno, es trivial pasar de un ámbito de unilateralidad a otro de subordinación. Lo primero implica que, con independencia de la relación jurídica en la que las partes se encuentren, una de ellas puede afectar la esfera jurídica de otra. La segunda, por el contrario, supone la existencia de un posicionamiento diverso que permite, por lo mismo, la emisión de disposiciones que puedan afectar la esfera jurídica. La negación de la jerarquía, por su parte, se realiza de un modo simplista. Finalmente, en la voluntariedad de la solicitud hecha al notario para lograr la prestación de sus servicios.

Las salas desvían la discusión al determinar que los notarios no se encuentran en una posición jerárquicamente superior a la de quienes solicitan sus servicios. Lo relevante, insisto, no está en saber si esa posición se da o no sino si los notarios pueden o no afectar la esfera jurídica de quienes acuden a ellos.

Bajo el criterio apuntado, los notarios difícilmente podrán ser autoridades responsables en los juicios de amparo, pues de cada una de sus actuaciones es factible postular la condición voluntarista ya señalada. La voluntariedad de los servicios evita la constitución de supra subordinación y, como consecuencia de ello, no puede darse la unilateralidad requerida.

Es bajo esta perspectiva como las dos salas de la Suprema Corte han evitado —a pesar de sus declaraciones en sentido contrario— abrir una verdadera discusión en cuanto a los alcances del artículo 5° de la Ley de Amparo. ¿Qué sucedería —pregunto— si los ministros comenzaran su análisis cuestionando la capacidad de los notarios para afectar unilateralmente la esfera jurídica de los particulares y no —como hasta ahora lo han hecho— por la voluntariedad de las solicitudes hechas a los fedatarios públicos? Esta forma de proceder llevaría a preguntarse si, en efecto, las actuaciones notariales tienen una potencial afectación de carácter unilateral sobre los particulares, más allá de que sus servicios sean o no solicitados voluntariamente. El proceder en sentido inverso le da una preeminencia inicial a la voluntariedad del requerimiento, desfonda la posibilidad de afectación e imposibilita la continuidad del análisis.

Llevando las cosas a un ámbito distinto al notarial, el criterio seguido por las salas reduciría a nada los actos en los que las personas hayan solicitado un servicio o hayan decidido someterse de manera voluntaria a un determinado tipo de régimen jurídico. Partiendo de la misma base argumentativa, ¿por qué habría de considerarse a una universidad o a una autoridad pública como "autoridad" para efectos del amparo cuando el particular hubiere solicitado el correspondiente servicio o prestación?

Algo semejante a lo acabado de señalar acontece con el asunto resuelto por la Segunda Sala en materia de impuestos. Al partir de la condición de mero ejecutor de las disposiciones legales en la materia, al notario se le hace perder autonomía al extremo de no tener más que una participación subordinada en la mecánica impositiva. El criterio pierde de vista que, más allá de la efectiva existencia de tal condición, el notario cuenta con márgenes de apreciación y actuación que, por sí mismos, podrían llegar a ser constitutivos de violaciones a los derechos humanos.

El problema que con seguridad habrá de presentarse en el futuro tiene que ver con la manera en la que los notarios tendrán que ser calificados en casos tales como los de personas con discapacidad o violaciones a los derechos humanos, así como aquellos que tengan que ver con discriminación, por ejemplo. Partiendo de este criterio jurisprudencial, ¿qué sucederá cuando una persona con discapacidad considere que el notario público no realizó los ajustes razonables determinados por la Suprema Corte? ¿Ante la promoción de un juicio de amparo, la respuesta será, de nuevo, que al haberse acudido voluntariamente a la realización de los trámites no puede hablarse de una relación de supra a subordinación y que, por lo mismo, no puede darse una afectación unilateral a la esfera de los derechos de las personas en tal condición? De la misma manera, cabría preguntarse por la situación de quien, por razón de género, preferencias u otro elemento contemplado en el artículo 1.° de la Constitución, se considerará discriminado por parte de un notario público.

El mal criterio de la supra subordinación, y sus componentes de voluntariedad y no afectación, no solo resultan inadecuados para darle plena eficacia a lo previsto en el artículo 5.° de la Ley de Amparo en los asuntos ya resueltos sino sobre los que habrán de sobrevenir en la dinámica en general de los derechos humanos de fuente constitucional o convencional. El criterio da lugar a una disyuntiva importante para el notariado.

Los notarios pueden tratar de evitar que sus actos sean considerados como de autoridad para efectos del amparo. Con ello, pueden evitar ser cuestionados en tribunales, manteniendo una situación semejante a la que existía en nuestro orden jurídico con anterioridad a junio del 2011. Por otra parte, pueden entrar de lleno a la discusión nacional para participar en la definición de los derechos humanos y, de manera más precisa, en la manera en la que la función notarial puede llegar a violarlos. En el primer caso, los notarios lograrían un efecto aparentemente favorable a su posición profesional y gremial, en tanto no serían llevados al juicio de amparo para que sus actos fueran discutidos y calificados por los correspondientes tribunales. En el segundo tendrían la posibilidad de participar activamente en la conformación de un orden jurídico complejo y completo a partir de la definición extensiva de las posibilidades y alcances de tales derechos. Hasta hoy, el notariado ha decidido estar más cerca de la primera posibilidad dado lo restrictivo de los criterios jurisprudenciales.

Por lo anterior, es indispensable que quienes participan de tan importante función determinen cuáles son las condiciones en las que quieren constituir su quehacer. Dicho de otra manera: si aspiran a mantenerse fuera de la discusión integral del orden jurídico o si, por el contrario, quieren participar en ella bajo los parámetros jurídicos que animan el tiempo que nos ha tocado vivir.

ALGUNAS REFLEXIONES SOBRE LA DISCAPACIDAD

ROBERTO GARZÓN JIMÉNEZ[1]
Notario 242 de la Ciudad de México

La Convención sobre los Derechos para las Personas con Discapacidad[2] (en adelante la Convención), fue aprobada por la Organización de las Naciones Unidas, el 13 de diciembre de 2006; México la suscribió el 30 de marzo de 2007, en donde entró en vigor desde el 3 de mayo de 2008.[3] Lo dispuesto en la Convención implico desde su entrada en vigor en nuestro país un cambio de paradigma en materia de incapacidad para pasar de un modelo de sustitución en la toma de decisiones a un sistema de asistencia en la toma de las mismas.

La Convención, en el numeral primero de su artículo 12, señala: "Los Estados Parte reafirman que las personas con discapacidad tienen derecho en todas partes al reconocimiento de su personalidad jurídica". De aquí parten mis reflexiones. Considero que en la actua-

---

1 Notario público. Catedrático de Derecho Civil en la Universidad Panamericana, la Universidad Iberoamericana y en el posgrado de la Escuela Libre de Derecho. Cuenta con dos doctorados, uno en la Universidad Panamericana (mención honorifica) y otro en la Universidad de Castilla-La Mancha (sobresaliente, *cum laude*). Tiene tres posgrados con mención honorifica en la Universidad Panamericana y dos con mención sobresaliente en la Universidad de Castilla-La Mancha. Autor y coautor de libros editados por Porrúa y Tirant lo Blanch. Correo electrónico: notario242@notarias229y242.com.mx

2 Para consultar el texto íntegro de la Convención, véase https://www.un.org/esa/socdev/enable/documents/tccconvs.pdf

3 Para profundizar en este tema, véase J. M. Gómez-Robledo. "Antecedentes y contenido de la convención sobre los derechos humanos de las personas con discapacidad", en *Memoria del Seminario Internacional. Convención sobre los Derechos de las Personas con Discapacidad. Por una cultura de la implementación* (Ciudad de México: Secretaría de Relaciones Exteriores: Programa de Cooperación sobre Derechos Humanos México/Comisión Europea, 2007) 21. Asimismo, véase Francisco José Bariffi. *El régimen jurídico internacional de la capacidad jurídica de las personas con discapacidad* (Madrid: Cinca 2014) 249.

lidad la discriminación[4] de las personas con discapacidad[5] no llega al grado de que se desconozca su carácter de personas; sin embargo, me parece adecuado que la Convención señale que los Estados parte deben de tutelar que así sea.

Al respecto, tenemos que recordar que la personalidad jurídica[6] es una exigencia de la naturaleza y dignidad del hombre,[7] y el derecho sólo puede reconocerla puesto que no la otorga; es decir, la personalidad jurídica de los seres humanos se impone al Estado nación y es previa tanto a este como al derecho objetivo;[8] asimismo, el nu-

---

4 Sobre la discriminación de las personas con discapacidad, véase: Adalberto Méndez López *et. al. Impartición de justicia en México, a la luz de las recomendaciones del Comité de Expertos de la Convención sobre los Derechos de las Personas con Discapacidad* (México: Comisión Nacional de los Derechos Humanos/Documenta. Análisis y Acción para la Justicia Social, A.C, 2016).

5 Al respecto, véase: Agustina Palacios y Francisco Bariffi. *La discapacidad como una cuestión de derechos humanos. Una aproximación a la Convención Internacional sobre los Derechos de las Personas con Discapacidad* (Madrid: Cinca, 2007). También *¿Qué es la discapacidad?* (Ciudad de México: Comisión Nacional de los Derechos Humanos, 2012) 5; y Manuel María Rueda Díaz de Rábago (coord.). *Más de 100 preguntas sobre la discapacidad. Guía jurídica básica,* 2ª ed.(Madrid: Fundación Aequitas/Fundación La Caixa, 2022) 15.

6 Se ha dicho que "en el concepto de personalidad jurídica se alude a la persona desde el punto de vista jurídico, cuando se afirma que ésta es la aptitud de ser sujeto de derechos y obligaciones, es decir, la personalidad jurídica es la idoneidad de ser persona para el Derecho". Jorge Alfredo. Domínguez Martínez. *Derecho civil,* 8a. ed., (Ciudad de México: Porrúa, 2000) 132. Se ha definido a la personalidad jurídica como "la aptitud para ser sujeto de derechos y obligaciones". Jorge Alfredo Domínguez Martínez. *Derecho civil. Parte general, personas, cosas, negocio jurídico e invalidez,* 12a ed., (Ciudad de México: Porrúa, 2012) 129. Igualmente se ha dicho que "la personalidad significa que el sujeto puede actuar en el campo del derecho. Diríamos que es la proyección del ser humano en el ámbito jurídico. Es una mera posibilidad abstracta, para actuar como sujeto activo o pasivo, en la infinita gama de las relaciones jurídicas que puedan presentarse". Ignacio Galindo Garfias. *Derecho Civil. Primer curso. Parte general. Personas. Familia.* (Ciudad de México: Porrúa, 1973) 294.

7 "Para Descartes la persona es fundamentalmente un ser pensante. Kant decía que lo más importante de la persona es su dignidad. Hegel, Marx y Engels afirmaban que el ser personal perece ante la colectividad, que la persona como individuo no es importante, solo vale lo colectivo". Alberto Pacheco. *La persona en el derecho civil mexicano,* 2a. ed.,(Ciudad de México: Panorama Editorial, 1998) 16-22.

8 Se ha dicho que "El derecho objetivo no flota como una nube sobre la realidad social, sino que se concreta en forma de derechos y deberes subjetivos los cuales necesitan, para existir 'titulares'; y estos centros de imputación de derechos y deberes [...] son personas". Guillermo Floris Margadant. *El derecho privado*

meral segundo del artículo 12 de la Convención, señala lo siguiente: "Los Estados Partes reconocerán que las personas con discapacidad tienen capacidad jurídica en igualdad de condiciones con las demás en todos los aspectos de la vida". Sobre ello, el artículo 445 del Código Nacional de Procedimientos Civiles y Familiares[9] (CNPCyF) señala que "Todas las personas mayores de edad tienen capacidad jurídica plena".[10]

De tal modo, podemos señalar que el numeral 2 del artículo 12 de la Convención es correcto, porque al establecer que las personas con discapacidad[11] deben de gozar de la misma capacidad que las demás podemos entender que abarca desde la posibilidad de ser titular de los derechos hasta la de ejercerlos.[12]

---

romano: como introducción a la cultura jurídica contemporánea, 24ª ed., (Ciudad de México: Esfinge, 1999) 115. "La noción del derecho en sentido objetivo corresponde a un conjunto de reglas de acción destinadas a ordenar las relaciones humanas. Está ligada con la noción de la vida social, es decir, de la vida común organizada". Jacques Leclerc. *Les grandes lignes de la philosophie morale*, 2ª ed., t. I (París: Louvain Publications-Universitaires de Louvain, 1934) Le Droit Naturel, II.

9 Código Nacional de Procedimientos Civiles y Familiares. *Diario Oficial de la Federación*, 7 de junio de 2023. https://www.diputados.gob.mx/LeyesBiblio/pdf/CNPCF.pdf

10 Para profundizar sobre el tema de la capacidad jurídica de las personas con discapacidad, véase Alonso Karim González Ramos. *Capacidad jurídica de las personas con discapacidad* (Ciudad de México: Comisión Nacional de los Derechos Humanos, 2010). La capacidad ha sido definida como "la aptitud de una persona para ser titular de cualquier derecho, de familia o patrimonial, y para hacer valer por sí misma los derechos de que esté investida". Julien Bonnecase. *Elementos de Derecho civil* (Ciudad de México: Cárdenas Editor y Distribuidor, 1975) 377. Asimismo, se ha dicho que "la capacidad en sentido amplio es el equivalente a la personalidad jurídica en su aspecto receptivo". Pacheco, *La persona,* 138. "El primer atributo de la personalidad es la capacidad. "Se entiende por capacidad, tanto la aptitud de una persona para adquirir derechos y asumir obligaciones, como la posibilidad de que dicha persona pueda ejercitar esos derechos y cumplir sus obligaciones por sí mismo. La capacidad comprende dos aspectos: a) la capacidad de goce, que es la aptitud para ser titular de derechos y obligaciones y b) la capacidad de ejercicio que es la aptitud para hacer valer aquellos y cumplir éstas, por sí mismo". Galindo Garfias, *Derecho civil,* 370.

11 Se ha reconocido la obligación del Estado mexicano de adoptar el modelo social de discapacidad mediante su normativa. Tesis: I.9o.P.1 CS (10a.), *Gaceta del Seminario Judicial de la Federación*, Décima Época, Reg. 2022368, Libro 80, Tomo III, noviembre de 2020, p. 2080.

12 La capacidad ha sido definida como "la aptitud de una persona para ser titular de cualquier derecho, de familia o patrimonial, y para hacer valer por sí misma

En cuanto a la posibilidad de ser titular de los derechos, denominada *capacidad de goce*,[13] debemos entender que esta no puede ser plena como incorrectamente lo señala el CNPCyF, ya que depende de circunstancias espacio-temporales que la limitan, de tal suerte que una persona por situaciones diversas-como pueden ser la edad,[14] la nacionalidad[15] y la ubicación geográfica, entre otras no puede ser titular de determinados derechos, y esto es totalmente ajeno a una circunstancia relacionada con una discapacidad. Por ejemplo, un extranjero en México no tiene la posibilidad de ser titular del derecho a votar en este país o de ser titular del derecho de propiedad sobre bienes inmuebles ubicados en la zona restringida;[16] o bien, una persona menor de edad no puede casarse, reconocer a un hijo(a), adoptar, votar u obtener una licencia de conducir.

De tal manera, es incorrecto lo que señala el CNPCyF, ya que pareciera no haber distinguido entre la titularidad de derechos y su ejer-

---

los derechos de que esté investida". Bonnecase, *Elementos,* 377.

13 La *capacidad de goce* "es la aptitud del sujeto para ser titular de derechos y obligaciones". Jorge Alfredo Domínguez Martínez. *Derecho civil. Parte general, personas, cosas, negocio jurídico e invalidez,* 6a. ed. (Ciudad de México: Porrúa, 1998) 166.

14 Se ha dicho que la tutela "es la institución de interés público, con la finalidad de la representación jurídica, protección de la persona y administración de bienes de los menores de edad no sujetos a patria potestad y mayores de edad incapacitados: quien la ejerce se denomina [tutor] y sobre quien se ejerce, llamase [pupilo]". Diego H. Zavala Pérez. *Derecho familiar,* 3a. ed., (Ciudad de México: Porrúa, 2011) 357; asimismo, se ha señalado que "La tutela es una institución cuyo objeto es la representación, asistencia y administración de los bienes de los mayores de edad incapacitados no sujetos a la patria potestad". Igualmente, agrega que "Esta institución es necesaria y paralela a la incapacidad de ejercicio de los mayores, y subsidiaria a la patria potestad de los menores. Es decir, los mayores de edad incapacitados siempre deben tener un tutor; en cambio, los menores de edad requerirán excepcionalmente de tutor cuando no existan ascendientes que ejerzan la patria potestad sobre ellos". Felipe de la Mata Pizaña y Roberto Garzón Jiménez. *Derecho familiar y sus reformas más recientes en la legislación del Distrito Federal,* 5ª ed., Ciudad de México: Porrúa, 2012) 328 y 329.

15 La nacionalidad ha sido definida como "una institución a través de la cual se relaciona una persona física o moral con el Estado, en razón de pertenencia, por sí sola, o en función de cosas, de una manera originaria o derivada". Carlos Arellano García. *Derecho internacional privado,* 16ª ed., (Ciudad de México, Porrúa, 2006) 195.

16 Así lo refiere el artículo 27 constitucional. Constitución Política de los Estados Unidos Mexicano, publicada el 5 de febrero de 1917. Consultada en http://www.diputados.gob.mx/LeyesBiblio/ref/cpeum.htm

cicio. En mi opinión, los códigos sustantivos, al adaptarse al nuevo paradigma de la capacidad, no deben de repetir este error.

Ahora bien, al referirse a las personas mayores de edad, el CNPCyF excluye a las y los menores, por lo que puede ser tildado de discriminatorio; esto es así porque pudiera alegarse que a las personas menores de edad, por un señalamiento expreso de la ley, se les limita su capacidad. Y esto sucede arbitrariamente en todos los países que señalan la edad de una persona para ser capaz y lleva al absurdo de que alguien puede ser capaz en un país y no serlo en otro. Por lo anterior es que la Tutela será una figura que seguirá vigente única y exclusivamente para todo lo relativo a la guarda, custodia, administración y representación de los menores de edad que no estén sujetos a patria potestad.

El artículo 445 del CNPCyF pareciera estar conforme a la parte inicial del artículo 1798 del Código Civil para el Distrito Federal[17] (CC), que señala que "son hábiles para contratar todas las personas"; sin embargo después ya no son concordantes pues señala: "no exceptuadas por la ley"; y lo que sucede es que para el CNPCyF todas las personas son capaces sin excepción y no distingue entre "la capacidad de goce" y "la capacidad de ejercicio", y el citado artículo 1798 se refiere a "la capacidad de ejercicio"; o sea, a ejercitar los derechos y cumplir las obligaciones en forma personal.

El mencionado artículo 1798 del CC acepta que hay excepciones, mismas que están comprendidas en el artículo 450 del mismo ordenamiento, precepto cuya fracción II fue declarada inconstitucional por ser contraria a los derechos de igualdad, a la no discriminación, a la dignidad y al reconocimiento a la capacidad jurídica en las personas mayores de edad con discapacidad, mediante la tesis de la Primera Sala de la Suprema Corte de Justicia que sentó jurisprudencia identificada con el numero 1a./J. 142/2022 (11a).[18] Dicho articulo 450 del CC fue reformado por el Congreso de la Ciudad de México, pero al tiempo de la redacción de este trabajo no ha sido promulga-

---

17 Código Civil para el Distrito Federal, https://www.congresocdmx.gob.mx/media/documentos/ad63a5bd2aef33e50ef1ed68d82450cf368578c0.pdf

18 https://bj.scjn.gob.mx/doc/tesis/zLvk04QBAeINReW6J877/%22Igualdad%20ante%20la%20ley%22

da, ni publicada dicha reforma por el Jefe de Gobierno de esta entidad, por lo que analizare toda la reforma en un momento posterior.

Es importante no confundir conceptos y recalcar que no podemos olvidarnos de lo que doctrinalmente hemos conocido como capacidad de goce, y es que el artículo 12, numeral 1 de la Convención se refiere a la personalidad jurídica; y el numeral 2, a la capacidad, señalando, en el primer caso, que debe ser reconocida y, en el segundo —por lo que se refiere a la capacidad— que debe de ser igual a las demás personas.

Es importante recordar que la personalidad jurídica nunca se califica ni tampoco es objeto de medición. Las personas nunca dejan de serlo en ningún momento de su vida, ya que su calidad de personas no depende de circunstancias espacio-temporales sino que es la proyección en el mundo del derecho de ese carácter en tratándose de cualquier ser humano.

En cambio, la capacidad de goce se mide en el momento en que una persona va a actuar para determinar si tiene la aptitud de ser titular de los derechos y obligaciones que son materia de la actuación que pretende realizar. Esta aptitud de ser titular de derechos y obligaciones sí depende de situaciones espacio-temporales, como señalé anteriormente, que no constituyen una discriminación por una discapacidad, y es que el centro del debate y del cambio de paradigma se centra en el ejercicio de la capacidad de ejercicio por parte de las personas con discapacidad, de donde se derivan dos posturas.

La primera señala que, con independencia del tipo de discapacidad que tenga una persona, siempre debe ejercitar sus derechos por sí misma y, la otra, es que en algunos casos la discapacidad puede impedir que una persona pueda expresar su voluntad o querer y entender lo que hace.

Es importante distinguir dos conceptos a la luz de lo que señala la Convención: deficiencia y discapacidad, y también tomar en cuenta para fines académicos el concepto de incapacidad.[19]

---

[19] Para profundizar en este tema, véase Jorge Alfredo Domínguez Martínez. *Incapacidad de ejercicio y discapacidad. Fijación de conceptos; esencia; alcances; relaciones, confusión. Su aplicación en la actividad notarial* (Ciudad de México: Procesos Editoriales Don José, 2020).

La *deficiencia* es una característica física, intelectual, mental o sensorial, pero que no encuentra una barrera debida a la actitud de otras personas o al entorno que evite su participación plena y efectiva en la sociedad en igualdad de condiciones con las demás. La realidad es que todas las personas tienen deficiencias, no existe alguien sin ellas, pero esas deficiencias no serán discapacidades si no encuentran obstáculos que les impidan actuar en igualdad de condiciones que las demás personas.

En virtud de lo anterior, la *discapacidad* es la deficiencia que sí encuentra barreras u obstáculos que le impiden actuar de manera plena y efectiva en la sociedad. Estas barreras se derivan del entorno o de la actitud de las y los demás miembros de la sociedad.

Algunas barreras del entorno pueden ser físicas, sociales, económicas, culturales, de salud, educación, información y comunicaciones; por ejemplo, será física si no existen las instalaciones adecuadas en un inmueble para que una persona con una deficiencia de este tipo se pueda desplazar; será en la comunicación si no existen, para alguien que no puede ver, sistemas de lectura táctil como el braille.

Ahora bien, estas barreras pueden ser una actitud discriminatoria[20] de la sociedad en su conjunto o de un grupo de personas que implican una distinción, exclusión o restricción, que son un obstáculo o dejan sin efecto el reconocimiento, goce o ejercicio de los derechos de las personas con incapacidad.

De acuerdo con la Convención, las deficiencias que pueden generar una discapacidad son cuatro: físicas, sensoriales, mentales e intelectuales. La fracción II del artículo 450 del CC agrega también las emocionales. A continuación analizaré cada una de ellas:

a) Físicas: refieren la falta de algún miembro u órgano del cuerpo, o una función disminuida; por ejemplo, personas a las que les falte una pierna, un brazo o un riñón.

b) Sensoriales: consisten en deficiencias en los sentidos, ya sea en la vista, la audición, el tacto, el olfato o el gusto.

---

20 Sobre la discriminación, véase Alejandro Becerra Gelover y Jorge Alfonso Torres Romero. *Informe sobre la discriminación en Iberoamérica 2008* (Ciudad de México: Red Iberoamericana de Organismos y Organizaciones Contra la Discriminación, 2008).

c) Mentales: son distorsiones o exageraciones de la realidad.

d) Intelectuales: son limitaciones a la capacidad de raciocinio.

e) Emocionales: cuando los sentimientos y las emociones se perciben de una manera exagerada, disminuida o incluso no se perciben.

Para la Convención, estas deficiencias deben ser de largo plazo; sin embargo, hay ordenamientos que regulan las deficiencias transitorias. Tal es el caso de la Ley del Notariado para la Ciudad de México,[21] que le exige al notario calificar si existen manifestaciones de incapacidad natural. Se entiende por incapacidad natural la situación en la cual se encuentra una persona, independientemente de su edad, por una causa permanente o transitoria que le impide querer y entender lo hace.[22]

Ahora bien, ¿cuándo puede afectar una discapacidad el ejercicio de la capacidad jurídica (capacidad de ejercicio)? En mi opinión se da en dos supuestos:

1) Cuando no puede conocerse la voluntad del discapacitado.

2) Cuando se carece de voluntad o se encuentra limitada a un grado que le impida a una persona querer y entender lo que hace.

¿Qué tipo de discapacidades pueden limitar el ejercicio de la capacidad? Considero que son la discapacidad sensorial total y física parcial—en la cual no puede conocerse la voluntad de una persona— y la intelectual total, que impide a una persona tener voluntad. Imaginemos a alguien en estado de coma o con una discapacidad intelectual parcial que le impide entender lo que hace, como sería el caso de una persona con un retraso mental profundo.

Ahora bien, ¿en qué consiste el nuevo paradigma? Considera que todas las personas mayores de edad tienen capacidad jurídica plena,

---

21 Ley del Notariado de la Ciudad de México. *Gaceta Oficial de la Ciudad de México*, 11 de junio de 2018. https://congresocdmx.gob.mx/archivos/transparencia/LEY_DEL_NOTARIADO_PARA_LA_CIUDAD_DE_MEXICO.pdf

22 Véase Gisela María Pérez Fuentes. *Tratamiento jurídico de las personas con discapacidad en caso de actos jurídicos notariales. Especial referencia a la facultad de testar*, Derecho Notarial Nuevas Tendencias (Ciudad de México: Tirant lo Blanch, 2020) 21.

y si tienen la necesidad de apoyos para su ejercicio, estos deben de consistir en auxiliarlos para que puedan comprender los actos jurídicos[23] para poder expresar su voluntad y comunicarse y, de esta manera, ejercer sus derechos (artículo. 445, CNPCYF). Conviene precisar que se debe evitar que el apoyo ejerza una influencia indebida o exista conflicto de interés (artículo 12, numeral 4 de la Convención).

Ahora bien, solo en el caso de que no pueda conocerse la voluntad de una persona —después de haber realizado esfuerzos reales, considerables y pertinentes para ello, además de haberle prestado las medidas de accesibilidad y ajustes razonables y esté en riesgo su vida, su patrimonio,[24] su integridad corporal o cualquier derecho del que sea titular— y que no cuente con un apoyo ordinario designado anticipadamente, procede la designación de apoyos extraordinarios.

Esta designación la realizará el juez de lo familiar o de lo civil según lo disponga el código sustantivo local, a solicitud de cualquier persona. El juez supervisará que la persona se encuentre en la situación a que se refiere el párrafo anterior, que es lo establecido en el artículo 448 del CNPCYF. En la designación se debe tomar en cuenta la voluntad y las preferencias de la persona manifestadas previamente, y se elegirá la adecuada tomando en cuenta la relación de convivencia, confianza, amistad, cuidado o parentesco.

En su resolución, el juez determinará la temporalidad, alcances y responsabilidades de la persona designada, quien debe actuar con la mejor interpretación de lo que fue la voluntad del discapacitado,

---

23 "El acto, en sentido jurídico, supone un hecho humano producido por voluntad consciente y exteriorizada. Cuando el acto produce, conforme a las disposiciones de derecho objetivo, un efecto jurídico es llamado acto jurídico. Éste es estrictamente el resultado de la conducta del hombre; pero no de cualquier conducta, sino de aquélla que 'intencionalmente ha querido y buscado la realización de las consecuencias jurídicas que se dan'". José Manuel Lastra Lastra. Conceptos jurídicos fundamentales, en *Liber ad honorem. Sergio García Ramírez*, t. I (Ciudad de México: UNAM-Instituto de Investigaciones Jurídicas, 1998). 409-410.

24 "Patrimonio es el conjunto de derechos y obligaciones de una persona, apreciables en dinero. Si se quiere expresar el valor del patrimonio con una cifra, es necesario sustraer de su activo el pasivo, conforme al adagio 'Bona non intelliguntur nisi deducto aere alieno'". Marcel Fernand Planiol y Georges Ripert y, *Tratado práctico de derecho civil francés* (Ciudad de México: Pedagógica Iberoamericana, 1996) 355.

tomando en cuenta su trayectoria, tradiciones, creencias, valores y actuación en situaciones similares.

Es preciso señalar que estos apoyos extraordinarios no pueden otorgarse para actos personalísimos; asimismo, se debe evitar que exista conflicto de interés en esta designación.

También conviene precisar que cualquier persona puede acudir al juez si tiene con qué probar que la persona de apoyo no actúa conforme la voluntad de quien padece la discapacidad.

En conclusión, respecto del nuevo paradigma, considero que el apoyo ordinario o extraordinario —aunque no se reconozca expresamente—, sí tendrán que representar a la persona de que se trate. Adicionalmente, estos apoyos y su actuación son necesarios y deben designarse en aquellos casos en que una persona no tiene voluntad o la tiene disminuida, al grado de no poder entender lo que hace.

DE QUÉ HABLAMOS CUANDO HABLAMOS DE DISCAPACIDAD: TODOS SOMOS IGUALES, PERO DIFERENTES

RICARDO GUTIÉRREZ PÉREZ[1]
Notario 68 de la Ciudad de México

El ser humano por naturaleza tiene una tendencia a categorizar y etiquetar fenómenos para facilitar su comprensión y explicación. Sin embargo, esta tendencia a menudo conduce a la simplificación excesiva y la aceptación acrítica de una sola perspectiva o definición, obviando la multiplicidad de ópticas y significados posibles.

Este proceso de encasillamiento muchas veces corresponde a lo que la creencia social dominante considera como un arquetipo o paradigma que impide la consideración de perspectivas alternativas, refuerza estereotipos y prejuicios y obstaculiza el cambio, como diría Muriel Barbery a través de la literatura, debido a la "incapacidad que tienen los seres de dar crédito a todo aquello que hace añicos los marcos que compartimentan sus mezquinos hábitos mentales".

La incapacidad humana para cuestionar y trascender estos marcos mentales perpetúa la rigidez cognitiva y limita la empatía y la comprensión.

La noción de "persona" con la que se ha categorizado a uno de esos fenómenos, es uno de estos casos.

La cultura jurídica del derecho común ha abordado tradicionalmente el concepto de sujeto de derecho mediante una perspectiva que enfatiza la necesidad de definirlo como una categoría jurídica específica. En este sentido, la persona no se considera en su acepción

---

1 Notario 68 de la Ciudad de México. Doctorando por la Escuela Libre de Derecho. Maestro en Ciencias Jurídicas por la Universidad Panamericana. Abogado por la Escuela Libre de Derecho.

humana, sino en su sentido técnico-jurídico como el núcleo central de imputación de derechos y deberes.[2]

La categoría jurídica de "persona" ha sido históricamente construida en torno a un modelo tradicional basado en una serie de presupuestos y características que han evolucionado a lo largo del tiempo, pero que, en líneas generales, concibe a la persona como el sujeto del derecho, visto como un individuo autónomo, con capacidad para tomar decisiones y actuar sí mismo en el ámbito jurídico. Es decir, es el centro de la relación jurídica y el titular de un conjunto de facultades y deberes.

Sin embargo, en las últimas décadas, el modelo tradicional de persona ha sido objeto de numerosas críticas, al señalarse que ha tendido a reducir la persona a un individuo aislado, obviando su dimensión social y relacional, ignorando la diversidad de concepciones de la persona presentes en diferentes culturas, dificultando la adaptación a nuevas realidades sociales y a los desafíos planteados por la globalización.

Desde una perspectiva jurídica, la diversidad biológica del ser humano ha sido tradicionalmente utilizada para justificar desigualdades y discriminaciones. Sin embargo, el derecho moderno tiende a reconocer que la diversidad humana, es un valor a proteger y que las diferencias biológicas no deben ser utilizadas para limitar los derechos y las oportunidades de las personas.

La diversidad humana plantea un desafío fundamental para el derecho, que debe garantizar la igualdad de todos los individuos, a pesar de sus diferencias. El reconocimiento de la diversidad implica no sólo la constatación de las diferencias existentes, sino también la valoración de las mismas y la adopción de medidas para garantizar la igualdad de oportunidades y de trato justo.

Parafraseando a Guillermo Fesser,[3] la diversidad se parece más a la realidad del mundo que la igualdad. No somos iguales, somos muy diferentes:

---

2 Usando la terminología de Kelsen.

3 Zamarriego, L. (2014, 1 de junio). *Hay que defender que todos somos igual de distintos"*. Ethic. https://ethic.es/2014/06/hay-que-defender-que-todos-somos-igual-de-distintos

> Sabemos que todas las diversidades tienen los mismos derechos... No somos iguales, pero sí debemos tener igualdad de oportunidades. Lo que hay que defender es que todos somos igual de diferentes.[4]

Sin lugar a duda las personas aquejadas por alguna o varias deficiencias —sean estas de carácter físico, sensorial, mental, intelectual o de cualquier otro carácter son diferentes a las personas que no tienen esas deficiencias —si por diferente entendemos lo diverso o distinto según la definición que recoge el Diccionario de la lengua española—.

Basados en la definición del mentado Diccionario deducimos a la vista que cualquier persona —tenga o no deficiencias— es diferente de todas las demás. Un recién nacido es distinto de un niño y de una niña, éstos de un adulto, éste de los adultos mayores y la mujer del hombre. Esta es una verdad inconcusa. Todos ellos son diferentes. Se distinguen entre sí. Definitivamente no son iguales, pues en términos de la acepción que desde el talante fisiológico se ha dado a la palabra "diferente" aplicada al ser humano, los sujetos aludidos efectivamente son diferentes unos de otros si los comparamos desde esta óptica. Sin embargo, ésta no es la única; no existe un único prisma para comprenderla, sino varios. A lo largo de la historia de la humanidad, bajo este prisma han existido varios paradigmas en el tratamiento a los seres considerados "diferentes".

Para muestra unos cuantos botones: Platón afirmó 370 años antes de Cristo (La República 407 c, d y e) que "quien no es capaz de vivir desempeñando las funciones que le son propias no debe recibir cuidados por ser una persona inútil tanto para sí como para la sociedad". En un apotegma lacónico recogido por Plutarco (Apophth. Lac. 231a) se dice que "el mejor médico es el que no pudre a los enfermos, si no los entierra cuando antes". Según la Biblia (Juan, 9, 1-3) "Jesús vio, al pasar, a un hombre ciego de nacimiento. Y le preguntaron sus discípulos: «Rabbí, ¿quién pecó, él o sus padres, para que haya nacido ciego?». Respondió Jesús: «Ni él pecó ni sus padres»".

En efecto, como afirma Rodríguez Bausá:

---

4 *Ídem.*

> Cada sociedad tiene en cada momento histórico unas determinadas necesidades y unos valores sociales (contexto social), en función de los cuales se establece lo que es adecuado socialmente y lo que resulta inadecuado (diferencia), unos encargados (expertos) que precisan la forma de distinguir (criterios de selección) a los sujetos (diferentes), el calificativo con que se les ha de reconocer (terminología), la función que han de desempeñar en la sociedad (papel social) y el trato que se les ha de otorgar (tratamiento). Los resultados han sido atroces empezando por la propia terminología que trataba de encasillarlos, y terminando por la "praxis" de la convivencia y del día a día.

Debido a todas estas variadas razones, por siglos se ha prescindido de las personas "diferentes" marginándolas, institucionalizándolas, aislándolas, o incluso matándolas. También se les ha tratado de "normalizar" o de "rehabilitar", pero en todos estos casos estigmatizándolas, discriminándolas, imponiéndoles barreras y actitudes sociales que impiden su participación plena y efectiva en la sociedad en igualdad de condiciones que las demás.

El resultado de la interacción entre las personas con deficiencias y el entorno, es decir, esas barreras y actitudes sociales que impiden su participación plena y efectiva en la sociedad en igualdad de condiciones que las demás hace que a esas personas se les considere Personas con Discapacidad.[5]

La discapacidad pone a las personas que la padecen en una desventaja causada por las barreras que la organización social genera al no atender de manera adecuada las necesidades de las personas con discapacidad.

Desde la perspectiva filosófico-jurídica, el baremo que debemos utilizar para determinar si una persona que adolece de una o más deficiencias, que se le considera por ello "diferente" y que por lo mismo se le han impuesto esas barreras y actitudes, debe tener un tratamien-

5 Convención de los Derechos de las Personas con Discapacidad. Preámbulo.
[…]
e) Reconociendo que la discapacidad es un concepto que evoluciona y que resulta de la interacción entre las personas con deficiencias y las barreras debidas a la actitud y el entorno que evitan su participación plena y efectiva en la sociedad, en igualdad de condiciones que las demás.

to legal igual o diferente a otra persona que no tiene deficiencias y por lo tanto discapacidad, es y debe ser otro.

Ese baremo es la dignidad de las personas, que no solo es un concepto filosófico, sino también jurídico, reconocido por nuestra Carta Magna.

La dignidad de las personas con discapacidad es la prioridad en el actual modelo social de discapacidad.[6] El instrumento jurídico que se considera como el paradigma normativo del modelo social y de derechos es la Convención sobre los Derechos de las Personas con Discapacidad.[7] Con la aprobación de este instrumento se reconoció

---

6 Véanse los siguientes asuntos en los cuales la Primera Sala de la Suprema Corte de Justicia ha desarrollado la doctrina constitucional respecto del modelo social y de derechos, sus implicaciones y consecuencias: amparo en revisión 410/2012, resuelto el 21 de noviembre de 2012. Ponente: Ministro Arturo Zaldívar Lelo de Larrea. Secretario: Javier Mijangos y González; amparo en revisión 159/2013, resuelto el 16 de octubre de 2013. Ponente: Ministro Arturo Zaldívar Lelo de Larrea. Secretario: Javier Mijangos y González; amparo directo en revisión 2805/2014, resuelto el 14 de enero de 2015. Ponente: Ministro Alfredo Gutiérrez Ortiz Mena. Secretaria: María Dolores Igareda Diez de Sollano; amparo en revisión 1043/2015, resuelto el 29 de marzo de 2017. Ponente: Ministro Alfredo Gutiérrez Ortiz Mena. Secretaria: María Dolores Igareda Diez de Sollano; amparo directo en revisión 3788/2017, resuelto el 9 de mayo de 2018. Ponente: Ministro José Ramón Cossío Díaz. Secretaria: Luz Helena Orozco y Villa

7 El 13 de diciembre de 2006 la Asamblea General de la Organización de las Naciones Unidas en la Resolución "A/RES/61/106" aprobó la Convención sobre los Derechos de las Personas con Discapacidad (en lo sucesivo la "Convención", el "Tratado" o la "CDPD"), adoptada en su 76ª sesión plenaria del 13 de diciembre de 2006 y el Protocolo Facultativo de la Convención, mismos, que estuvieron abiertos a la firma en la Sede de las Naciones Unidas, en Nueva York, a partir del 30 de marzo de 2007.

Esta Resolución se puede ver en la página electrónica *http://www.oas.org/DIL/esp/A-RES_61-106_spa.pdf*

El Estado Mexicano firmó el instrumento de ratificación de dicha Convención el 26 de octubre de 2007 y lo depositó ante el Secretario General de las Naciones Unidas el 17 de diciembre del mismo año, ratificando la CDPD ese mismo día. La citada Convención fue promulgada el 30 de abril de 2008 y publicada en el Diario Oficial de la Federación el 2 de mayo de 2008, entrando en vigor en nuestro país —al igual que en diversos Estados Partes— el 3 de mayo de ese mismo año 2008.

Se puede ver el Decreto de su publicación en el Diario Oficial de la Federación del 2 de mayo de 2008 en la página electrónica *https://www.dof.gob.mx/index_111.php?year=2008&month=05&day=02*

la personalidad, capacidad jurídica y condición como sujeto de derechos de la persona con discapacidad[8].

El Diccionario de la Lengua Española (DLE) de la Real Academia Española (RAE) incorporó por primera vez la palabra "discapacidad" en el año 2001, en su 22ª edición, definiéndola como "la limitación o impedimento físico, mental o sensorial que afecta la capacidad de una persona para realizar ciertas actividades", y es hasta 2018 que enmienda su acepción para ser definida como la "situación de la persona que, por sus condiciones físicas, sensoriales, intelectuales o mentales, duraderas, encuentra dificultades para su participación e inclusión social."[9]

La distinción entre deficiencia y discapacidad es crucial. Si bien todas las personas con discapacidad presentan deficiencias, no todas las personas con deficiencias cumplen los criterios para ser consideradas personas con discapacidad.

La noción moderna sobre discapacidad corresponde a lo que hoy se conoce como un constructo social basado en los derechos humanos que trasciende fronteras, ideologías políticas, creencias religiosas, cultura, género, edad y situación socioeconómica.

La discapacidad no se limita a la deficiencia individual, sino que comprende aspectos negativos que hacen referencia a la interacción entre la persona con deficiencias y las barreras sociales y ambientales que obstaculizan su participación en la sociedad.

El concepto de discapacidad se ha forjado más allá del déficit de salud de una persona en lo individual. Actualmente se refiere a una construcción social intrincada, imprecisa, difícil de conceptualizar y más de entender, con múltiples facetas e implicaciones. Podemos afirmar sin temor a equivocarnos que su definición está indefinida. La propia Organización Mundial de la Salud ha declarado que:

---

8 Tal como lo estableció la Primera Sala en el amparo directo en revisión 2805/2014, resuelto el 14 de enero de 2015 por mayoría de cuatro votos. Ponente: Alfredo Gutiérrez Ortiz Mena. Secretaria: María Dolores Igareda Diez de Sollano.

9 Así consta en la actualización 23.4 del Diccionario de la Lengua Española presentada por la académica Paz Battaner el 24 de noviembre de 2020, desterrando la palabra "disminuido", que la sustituye por "discapacitado".

La discapacidad es compleja, dinámica, multidimensional y objeto de discrepancia. En las últimas décadas, el movimiento de las personas con discapacidad (...), junto con numerosos investigadores de las ciencias sociales y de la salud (...), han identificado la función de las barreras sociales y físicas presentes en la discapacidad. La transición que implicó pasar de una perspectiva individual y médica a una perspectiva estructural y social ha sido descrita como el viraje desde un "modelo médico" a un "modelo social", en el cual las personas son consideradas discapacitadas por la sociedad más que por sus cuerpos..."[10]

En la Convención sobre los Derechos de las Personas con Discapacidad se optó por no definir expresamente la discapacidad, aunque se decidió realizar una aproximación a la misma que reafirmase la apuesta por el modelo social.[11]

Según reza el apartado e) del Preámbulo de la Convención la discapacidad es un concepto que evoluciona y que resulta de la interacción entre las personas con deficiencias y las barreras debidas a la actitud y al entorno que evitan su participación plena y efectiva en la sociedad, en igualdad de condiciones con las demás.

Al desglosar el significado de "discapacidad" plasmado en la Convención notamos en primer lugar, que al establecer "que es un concepto en evolución" se quiso decir que está en constante progreso, dicho de otro modo, no es un concepto definido, acabado, ni fijo, sino que ha variado en el tiempo y puede seguirlo haciendo. Estableciendo así la indefinición de su definición.

La Corte ha afirmado que desde la nueva perspectiva nos encontramos ante una nueva realidad constitucional en la que se requiere dejar atrás pautas de interpretación formales que suponen una merma en los derechos de las personas con discapacidad, lo cual implica cierta flexibilidad en la respuesta jurídica para atender las especifici-

---

10 Organización Mundial de la Salud. *Informe Mundial Sobre la Salud.* 2011, p. 4.

11 Biel Portero, Israel. *Los derechos humanos de las personas con discapacidad.* Tirant Lo Blanch, Valencia. 2011, p. 42.

dades del caso concreto y salvaguardar el principio de igualdad y no discriminación.[12]

Con apoyo en estas ideas concluimos que todas las personas, sin excepción, son y debe ser iguales ante la Ley.

Así las cosas, la palabra "diferente" recobra un nuevo significado: Las personas con discapacidad, que son diferentes de las personas sin discapacidad, desde el punto de vista fisiológico, son iguales entre sí frente a la Ley, desde la óptica filosófica jurídica. Es decir, son diferentes e iguales al mismo tiempo, como diría George Orwell, también desde la literatura, aceptando los dos puntos de vista opuestos con doblepensamiento, contrario al principio lógico de no contradicción.

Bajo este orden de ideas el artículo 12 de la Convención establece la obligación para los Estados Partes —dentro del cual se encuentra el Estado Mexicano— de reconocer que las personas con discapacidad tienen capacidad jurídica en igualdad de condiciones con las demás en todos los aspectos de la vida (Artículo 12 inciso 2) y la obligación de adoptar las medidas pertinentes para proporcionar a las personas con discapacidad el apoyo que puedan necesitar en el ejercicio de su capacidad jurídica, a través del establecimiento de un sistema de

---

12 Véase la Tesis "**PERSONAS CON DISCAPACIDAD. APLICACIÓN DE LOS PRINCIPIOS DE IGUALDAD Y NO DISCRIMINACIÓN**. El principio de igualdad y no discriminación se proyecta sobre todos los demás derechos dándoles un matiz propio en el caso en que se vean involucradas personas con discapacidad. Para la Primera Sala, desde esta perspectiva es preciso analizar todo el andamiaje jurídico cuando se ven involucrados derechos de las personas con discapacidad. Para ello se requiere tomar en cuenta las dimensiones o niveles de la igualdad y no discriminación, que abarcan desde la protección efectiva contra abusos, violencia, explotación, etcétera, basadas en la condición de discapacidad; la realización efectiva de la igualdad de trato, es decir, que la condición de discapacidad no constituya un factor de diferenciación que tenga por efecto limitar, restringir o menoscabar para las personas con discapacidad derechos reconocidos universalmente, y, finalmente, que se asegure la igualdad de oportunidades, así como el goce y ejercicio de derechos de las personas con discapacidad. En este sentido, nos encontramos ante una nueva realidad constitucional en la que se requiere dejar atrás pautas de interpretación formales que suponen una merma en los derechos de las personas con discapacidad, lo cual implica cierta flexibilidad en la respuesta jurídica para atender las especificidades del caso concreto y salvaguardar el principio de igualdad y no discriminación." Ponente: Ministro Alfredo Gutiérrez Ortiz Mena. Secretaria: María Dolores Igareda Diez de Sollano.

apoyos (Artículo 12 inciso 3), así como de asegurarse que en todas las medidas relativas al ejercicio de la capacidad jurídica se proporcionen salvaguardias adecuadas y efectivas para impedir los abusos, a través del establecimiento de un sistema de salvaguardias (Artículo 12 inciso 4), sistemas que en algún momento deberán sustituir, al llamado modelo sustitutivo de la voluntad en la toma de decisiones que implican, respectivamente, las instituciones de la tutela y la curatela del Derecho Mexicano, para lograr la implementación de la Convención en materia de capacidad jurídica en México, y en consecuencia la armonización de su legislación interna con la Convención.

Cabe ahora preguntarnos si efectivamente las personas con discapacidad tienen capacidad jurídica igual que las personas sin discapacidad en igualdad de circunstancias.

Desde la perspectiva de la cultura del derecho común, al hablar de capacidad e incapacidad, se está haciendo referencia, necesariamente, al estado jurídico de una persona. Debido a ello, tenemos que preguntarnos si al amparo de la nueva concepción y perspectiva del Derecho la discapacidad es una cualidad a la que la Convención —entiéndase la ley— le atribuye efectos jurídicos, o es un efecto jurídico atribuido por la ley a las personas que tienen la cualidad de ser personas con discapacidad, bajo el concepto que la propia Convención señala.

La Convención no distingue capacidad de goce de capacidad de ejercicio. Les da el mismo tratamiento.

Bajo la nueva perspectiva de derechos humanos, la discapacidad —contrario a la capacidad y la incapacidad— no es una cualidad determinada que la ley toma en consideración para atribuirle efectos jurídicos; sino un efecto jurídico que la ley atribuye a quienes tienen deficiencias que al interactuar con la sociedad o con el ambiente puedan tener obstáculos o barreras al querer ejercitar sus derechos.

Bajo este nuevo paradigma, la discapacidad es tomada en cuenta por la Ley para atribuirle efectos jurídicos.

Esos efectos consisten en el derecho que tienen las personas con discapacidad al reconocimiento de la capacidad jurídica en igualdad de condiciones con las demás en todos los aspectos de la vida, así como a que se les proporcionen acceso al apoyo que puedan necesitar en el ejercicio de su capacidad jurídica y las salvaguardias adecuadas y efectivas para impedir abusos, asegurando que las medidas relativas al ejercicio de la capacidad jurídica respeten los derechos, la voluntad y las preferencias de la persona, que no haya conflicto de intereses ni influencia indebida, que sean proporcionales y adaptadas a las circunstancias de la persona, que se apliquen en el plazo más corto posible y que estén sujetas a exámenes periódicos por parte de una autoridad o un órgano judicial competente, independiente e imparcial.

Tradicionalmente se ha considerado —como ya lo mencionamos antes— que, dado un estado, no puede haber al mismo tiempo un estado contrario: o se es mexicano, o se es extranjero; o se es casado o se es soltero; o se es menor de edad o se es mayor de edad; o se es capaz o se es incapaz.

Empero esa calificación del Derecho y de las leyes ha evolucionado y en algunos casos se ha dejado atrás esa posición binaria. Ahora ya es permitido por ejemplo tener múltiple nacionalidad. Antes era imposible pensarlo si quiera.

Desde la perspectiva de los derechos humanos, tratándose del estado físico, sensorial, mental o intelectual de las personas, aunque se reconoce la diversidad, se afirma que a todas las personas debe tratárseles en igualdad de condiciones, pues de lo contrario se les estaría discriminando, lo cual atentaría contra los postulados de la Carta Internacional de los Derechos Humanos.

Tratándose de los cuatro tipos de aptitudes —física, sensorial, mental o intelectual— hay personas que tienen plena aptitud —según de la que hablemos— y hay otras que carecen completamente de ella.

Sin embargo, desde esta perspectiva, al reconocerse la diversidad, tácitamente podría afirmarse que al igual que una moneda no solamente tiene dos caras, sino también un borde en medio de ellas, entre uno y otro extremo de los comentados en el párrafo anterior, hay personas que tienen más aptitudes que otras, y hay otras personas que tienen menos. Los avances de la ciencia médica nos han permitido saber que existe también un borde entre la aptitud absoluta y la falta absoluta de aptitud.

Hay personas en un extremo —una cara de la moneda— que tienen absoluta posibilidad de moverse físicamente, o de ver, o de oír, y que por lo tanto no requieren ninguna clase de apoyo o asistencia para ello; es decir gozan de plena aptitud de movilidad, visual o auditiva y pueden ejercitar por sí mismas esa capacidad.

Hay otras personas, en el otro extremo —la otra cara de la moneda—, que tienen absoluta falta de capacidad de movilidad, visual o auditiva y ningún apoyo sería suficiente para que puedan hacerlo por sí mismas; requieren necesariamente de apoyos y salvaguardias para moverse, aunque definitivamente no podrán ver ni oír por sí mismas; ni siquiera con esos apoyos o salvaguardias.

Pero hay otro grupo de personas que se encuentran en medio de estos dos extremos —el borde de la moneda— que, con ciertos apoyos y salvaguardias, podrán moverse, ver u oír mejor, por sí mismas.

Lo mismo aplica tratándose de la capacidad mental o de la capacidad intelectual: hay personas en uno de los extremos que tienen plenas esas capacidades y no requieren, por ende, apoyos ni salvaguardias para ejercitarlas; hay otras personas en el otro extremo que carecen absolutamente de ellas y ningún apoyo ni salvaguardia serían suficientes para ejercitar esas capacidades por sí mismas; no habrá manera ni medio alguno que les permita ejercitar algo de lo que carecen por sí mismas; requieren necesariamente de apoyos que sustituyan esa capacidad para poder ejercerla y de salvaguardias que impidan abusos.

Pero hay otras personas que se encuentran en medio de estos dos extremos, que con ciertos apoyos y salvaguardias podrían ejercitar sus capacidades mentales o intelectuales, y, en consecuencia, ejercitar sus derechos y cumplir sus obligaciones por sí mismas.

Sin embargo, la evolución de la normativa relativa al estado jurídico desde el ámbito físico individual de la persona ha sido muy lenta. No ha pasado lo mismo con el estado político o familiar, como por ejemplo en el caso de la nacionalidad, que ya puede ser múltiple; el talante binario inflexible en materia de capacidad jurídica de las personas ha ocasionado que por siglos se les haya estigmatizado y discriminado a las personas con discapacidad, hasta extremos inimaginables.

Bajo los postulados internacionales, en la actualidad se afirma que debe distinguirse entre capacidad jurídica y capacidad mental, ya que son conceptos distintos; que la capacidad jurídica es la aptitud de ser titular de derechos y obligaciones y ejercitarlos en igualdad de condiciones que las demás personas; la capacidad mental es la aptitud de una persona para tomar sus propias decisiones, esta, naturalmente varía de una persona a otra dependiendo de los factores ambientales y sociales y que las personas con discapacidad tienen exactamente los mismos derechos que las demás personas; empero, para ejercerlos, a lo largo de la historia han enfrentado barreras legales, físicas, sociales y culturales.

Asimismo la Suprema Corte de Justicia de la Nación ha emitido diversas sentencias y tesis[13] declarando inconstitucionales los preceptos de la Ley así como los artículos 23[14] y 450[15] del Código Civil para el Distrito Federal (hoy Ciudad de México), que rigen la materia, por considerar discriminatorias esas disposiciones legales, afirmando que el llamado modelo de sustitución regulado por las mismas debe ser reemplazado por el modelo social de apoyo y salvaguardias convencional, que permita interpretar la voluntad y las preferencias de las personas con discapacidad, de conformidad con el nuevo derecho de la capacidad jurídica.

La Primera Sala de la Corte antes de declarar la inconstitucionalidad de la declaración de estado de interdicción de tutor, bajo un

---

13 Puede consultarse el CUADERNO DE JURISPRUDENCIA núm. 5 Derechos de las Personas con Discapacidad, elaborado por el Centro de Estudios Constitucionales de la Suprema Corte de Justicia de la Nación. Disponible en: *https://www.sitios.scjn.gob.mx/cec/sites/default/files/publication/documents/2020-10/Cuadernillo%20Discapacidad_Final%20octubre.pdf*

14 Dicho artículo 23 señala: "La minoría de edad, el estado de interdicción y demás incapacidades establecidas por la ley, son restricciones a la capacidad de ejercicio que no significan menoscabo a la dignidad de la persona ni a la integridad de la familia; los incapaces pueden ejercitar sus derechos o contraer obligaciones por medio de sus representantes".

15 Articulo 450.– Tienen incapacidad natural y legal: I.– Los menores de edad; II.– Los mayores de edad que por causa de enfermedad reversible o irreversible, o que por su estado particular de discapacidad, ya sea de carácter físico, sensorial, intelectual, emocional, mental o varias de ellas a la vez, no puedan gobernarse, obligarse o manifestar su voluntad, por sí mismos o por algún medio que la supla".

modelo de sustitución de la voluntad, había afirmado, al resolver el Amparo en Revisión 159/2013,[16] que:

> El estado de interdicción regulado en el Código Civil para el Distrito Federal sólo será válido en la medida en la que se interprete conforme al modelo social de discapacidad que subyace a la Convención sobre los Derechos de las Personas con Discapacidad. Esto implica, entre otras cuestiones, reconocer la primacía de la voluntad de las personas cuya capacidad está siendo limitada y que el grado de asistencia en las decisiones se debe determinar caso por caso", al estima que "a) El juzgador ha de fijar un grado de limitación de su capacidad de ejercicio proporcional al nivel de discapacidad de la persona, b) Han de ser establecidos por el juez los actos en lo que la persona con discapacidad goza de plena autonomía y aquellos en los que requiere la asistencia de un tutor; c) en aras de proteger la mayor auto tutela posible, se tratará de limitar las restricciones; d) las limitaciones de la capacidad jurídica de la persona con discapacidad han de ser interpretadas en forma restringida; e) La limitación de la plena capacidad ha de mantenerse el mínimo tiempo estrictamente necesario para la protección de la persona; f) el estado de interdicción ha de irse adaptando a los cambios que se puedan sufrir, pudiéndose solicitarse informes adicionales para su reevaluación, debiéndose ser revisado ante el mínimo indicio de variación puesto en conocimiento del juez; g) A pesar de que se hubiese decretado la limitación a la capacidad jurídica de una persona, ésta podrá manifestar su voluntad, misma que deberá ser respetada y acatada; h) El juez siempre debe permitir que la persona con discapacidad exprese su opinión en el juicio, debiendo tener contacto directo con él a fin de poder evaluar correctamente la situación, ello mediante un lenguaje accesible y una dinámica afable, además de poder ser asistido de una persona de su confianza si así lo elige."

Sin embargo, este criterio fue superado posteriormente por la propia Corte, y como ya mencionamos, ha declarado inconstitucional el estado de interdicción y el modelo de sustitución de la voluntad, generando toda una nueva teoría sobre la discapacidad derivada de las distintas resoluciones que ha ido dictando al fallar diversos amparos que se han planteado entorno a la discapacidad.

Por su parte, el Código Nacional de Procedimientos Civiles y Familiares que entrará en vigor paulatinamente en la Ciudad de México, a partir de diciembre de 2024, dispone que en el caso de las personas

---

16 Véase Amparo en Revisión 159/2013. Disponible en: *https://www2.scjn.gob.mx/ConsultaTematica/PaginasPub/DetallePub.aspx?AsuntoID=150598*

que no puedan dar a conocer su voluntad por ningún medio y no hayan designado apoyos ni hayan previsto designación anticipada, después de haberse realizado esfuerzos reales, considerables y pertinentes y después de haberle prestado las medidas de accesibilidad y ajustes razonables podrán designar ante juez de la familiar los apoyos de carácter extraordinario que sean necesarios para el ejercicio y protección de sus derechos, lo cual ha tenido en cuenta el Congreso de la Ciudad de México al armonizar el Código Civil para el Distrito Federal aplicable en la Ciudad de México, así como la Ley del Notariado para la Ciudad de México, cuyo dictamen ha sido aprobado y sólo está en espera de ser publicado en la Gaceta Oficial de la Ciudad de México para entrar en vigor, en el cual se reforman los artículos 23, 24, 31, 89, 156, 331, 332, 392, 393, 394 y 450 y se adicionan los artículos 24 A a 24 O del Código, para regular por primera vez los sistemas de apoyos y salvaguardias.

Así las cosas, podemos concluir que es esencial, reconocer que debemos abrir nuestra mente a la diversidad de perspectivas, la complejidad de los fenómenos, la evolución del pensamiento y la comprensión, para poder ampliar nuestra comprensión del mundo, fomentar la empatía y la inclusión y cultivar una mentalidad más abierta y crítica, sin sacrificar la seguridad jurídica del Estado de derecho, pudiendo confirmar que todas las personas somos iguales, pero diferentes.

REFLEXIONES RESPECTO DE LA CREACIÓN DE LA VOLUNTAD APTA PARA PRODUCIR ACTOS JURÍDICOS DE PERSONAS CON DISCAPACIDAD INTELECTUAL, COGNITIVA Y/O PSICOSOCIAL A LA LUZ DE LA CONVENCIÓN SOBRE LOS DERECHOS DE LAS PERSONAS CON DISCAPACIDAD

FERNANDO PÉREZ ARREDONDO
Notario 12 de la Ciudad de México

Debido a las características propias de este trabajo se procederá a presentan conceptos muy concretos pero fundamentales respecto a la conformación de la voluntad apta para producir actos jurídicos de acuerdo con nuestros ordenamientos jurídicos actuales —dígase Código Civil (CC)— en las personas naturales, y hacer una comparativa con la regulación contenida en la Convención sobre los Derechos de las Personas con Discapacidad (CDPD) y su doctrina, en relación con personas con discapacidad (PD), en específico las personas con discapacidad intelectual, cognitiva y/o psicosocial (PDICP), considerando como presupuesto general el conocimiento global de la misma y que, como sabemos, ha sido ratificada por el Estado mexicano convirtiéndose en ley suprema, y en virtud de la cual se han emitido jurisprudencias y regulaciones normativas.

Una de las que trasciende para los efectos, hasta el momento y en lo conducente, es el Código Nacional de Procedimientos Civiles y Familiares (CNPCyF) y del cual derivan ya algunos proyectos, a nivel estatal, de reformas a los ordenamientos civiles locales (CC) en los estados de la República Mexicana y un proyecto de dictamen aprobado ya por la Comisión legislativa correspondiente en la Ciudad de México, siendo relativamente limitada la referencia a la existencia de disposiciones vigentes o siquiera iniciativas de ordenamientos legales, no solo en el ámbito civil o de derecho privado sino en los demás ámbitos de nuestra vida jurídica (hablamos de materias como derecho electoral, derecho a la salud, derecho público, derecho penal, etc.), de allí la trascendencia de comprender la necesidad de generar reformas legales que contengan una regulación que responda de la mejor manera al cumplimiento de los objetivos y principios rectores de la misma Convención sobre los Derechos de las Personas con Discapacidad (CDPD) y de la Observación General número 1 del Comité de la ONU sobre los Derechos de las Personas con Discapacidad y donde a mi parecer, si se entienden adecuadamente, pueden —en lo general y de forma armónica— acoplarse a nuestras instituciones y tradición jurídica sin que esto signifique una ruptura, o por mucho constituirán una adecuación integral de los conceptos fundamentales que conforman nuestra legislación.

Lo que nos concierne ahora es la materia de capacidad jurídica en los diferentes ámbitos del derecho y, en los casos que así corresponda, encaminar nuestra legislación contemplando los nuevos elementos que constituyen lo que se ha llegado a denominar "el nuevo paradigma" en materia de la capacidad jurídica de las PD, y lo más importante, que cumplan con todos los objetivos de la CDPD.

A este respecto procedo a explicar los principios fundamentales sobre los cuales se conforma la creación de la voluntad apta para producir un acto jurídico conforme a nuestra tradición jurídica y nuestra legislación. Desde esta perspectiva de creación de la voluntad me parece esquemático mencionar cuatro fases por las que tiene que pasar un acto que deba considerarse jurídicamente válido conforme a derecho; éstas son, en orden temporal:[1]

1) Proceso de COGNICIÓN, que implica el conocimiento de una realidad concreta en el fuero interno de las personas con la intención de crear, transmitir, modificar o extinguir una situación, sea de carácter patrimonial o extrapatrimonial. Al efecto, esa representa-

[1] Estudio del notario José Luis Quevedo Salceda. "La voluntad apta para producir un acto jurídico". *Homenaje al doctor Jorge Alfredo Domínguez Martínez,* coord. por Ángel Gilberto Adame López (Ciudad de México: Colegio de Profesores de Derecho Civil/Facultad de Derecho-UNAM, 2016) 355-365.

ción del acto en ciernes debe tener la característica de ser real, y para ello el sujeto debe conocer dicha realidad y entenderla para poder alterar su esfera jurídica voluntariamente. En ese sentido es cuando comprendemos que, conforme a la regulación todavía actual de nuestros CC, aquellos sujetos carentes de discernimiento suficiente por sí mismos, al considerarse por el propio ordenamiento que no pueden conocer y entender la realidad, aprehender y procesarla adecuadamente, lo harían inhábil para otorgar actos jurídicos por sí solos.

2) Proceso de VALORACIÓN, donde conocida la realidad alrededor de la cual se realizará el acto es necesario un juicio de valor, una ponderación para realizarlo, seguido por la identificación del objetivo que se pretende, del análisis de los medios para alcanzar ese objetivo y, en resumen, si se quieren las consecuencias del mismo. En ese sentido, aquí es muy importante establecer las causas, motivos y consecuencias referidas pues ellas conforman el compuesto íntimo que le da validez al acto y del que, si es expresado como determinante y resulta erróneo, da como resultado la nulidad respectiva sin dejar de considerar que incluso aspectos inexistentes al momento de la celebración del acto puedan llegar también a formar parte de las etapas cognitivas y valorativas del mismo acto y formar parte de ese motivo determinante.

3) Proceso de DETERMINACIÓN, donde conocido y valorado el entorno para la celebración del acto jurídico, la persona procede, ya sea a celebrarlo o no; obviamente, en caso de lo primero, hacen trascender los dos primeros procesos y ponen en marcha todo ese ensamble legal con las consecuencias jurídicas solicitadas por el propio sujeto. Al efecto, quien otorga un acto jurídico sin esta determinación no puede tener otra causa que el miedo provocado por la violencia, como el empleo de fuerza o amenazas ejercidas sobre la persona y que provocan, al igual que el error, un vicio que deriva en la nulidad del acto.

4) Proceso de EXPRESIÓN, última etapa del entramado, productor del acto jurídico que coincide prácticamente con la determinación; sin embargo, mientras este sigue siendo interno, el proceso de expresión se lleva a cabo para ser conocido, naciendo con éste a la vida jurídica todas las consecuencias jurídicas; es lo que en términos de nuestro CC conocemos como "manifestación de voluntad",

cuando se producen, finalmente, los efectos vinculativos en la vida jurídica, pudiendo ser expresa o tácita, escrita, verbal o por signos inequívocos en el primer caso, y por actos que supongan o autoricen a presumir dicha manifestación, en el segundo.

Lo importante dentro de esta primera valoración es entender que: a) las fases internas de la cognición, la valoración y la determinación no son optativas ni se pueden obviar; es decir; deben darse en todos los casos de producción de actos jurídicos y solo serán eficaces en la vida jurídica cumpliendo la fase de la expresión; b) la congruencia entre las fases del fuero interno antes referidas con la expresión de que lo solicitado es indispensable porque la eficacia de los efectos jurídicos producidos con dicha expresión depende de ello.

Entendido lo anterior, a la luz de los más reconocidos principios de nuestra tradición civil, considero procedente, entonces, explicar el andamiaje con el cual se estructura el concepto de capacidad jurídica desde la perspectiva de la CDPD para explicar, conforme a la interpretación de la doctrina reconocida en esta materia, cómo se produce una voluntad válida para la conformación de actos jurídicos por parte, en específico, de las PDICP.

En ese sentido nos remitimos invariablemente a lo contenido y regulado en el artículo 12 de la CDPD, sustento del nuevo paradigma de la capacidad jurídica, en este caso de las PD, donde en obvio de mencionar todo su contenido esencial conocido ya por el lector, me remito a efectos de resaltar las disposiciones clave, contenidas en los siguientes incisos de cumplimiento obligatorio para los Estados parte de la misma:

1. Que reafirman que las PD tienen derecho al reconocimiento de su personalidad jurídica;
2. Que deberán reconocer la capacidad jurídica a las PD en igualdad de condiciones con las demás, en todos los aspectos de la vida;
3. Que deberán adoptar las medidas pertinentes para proporcionar acceso a las PD al APOYO que puedan necesitar en el ejercicio de su capacidad jurídica;
4. Que asegurarán que en todas las medidas relativas al ejercicio de la capacidad jurídica se proporcionen SALVAGUARDIAS adecuadas y efectivas para impedir los abusos de conformidad

con el derecho internacional en materia de derechos humanos; que dichas salvaguardias asegurarán que las medidas empleadas para el ejercicio de la capacidad jurídica respeten los derechos, la voluntad y las preferencias de la persona, que no haya conflicto de intereses ni influencia indebida, entre otras características; y

5. Que deberán tomar las medidas "pertinentes y efectivas" para garantizar el derecho de las PD en igualdad de condiciones con las demás, a adquirir y tener un patrimonio y, en general, crear relaciones jurídicas; indica que velarán por que las PD no sean privadas de sus bienes en forma arbitraria.

Para entender la trascendencia de lo dispuesto en los incisos anteriores podemos citar lo que el doctor Pablo Marshall explica, en los siguientes términos:[2]

> En lo que llevamos recorrido del siglo XXI, la toma de decisiones por parte de un tercero —-o modelo de sustitución de la voluntad— ha sido crecientemente cuestionada y se ha propuesto su reemplazo por un modelo de apoyo para la toma de decisiones —ATD— conforme al cual una persona de confianza colabora con la PDIC (Persona con discapacidad intelectual o cognitiva) apoyándola a tomar sus propias decisiones permitiéndole así retener autonomía en decisiones importantes, incluidas aquéllas sobre tratamientos médicos. Si bien es un modelo incipiente, se ha señalado que las ATD tienen la potencialidad de mejorar las decisiones en relación con las PDIC, tanto desde el punto de vista de la calidad de las decisiones y la prevención de los abusos como desde el respeto a su autonomía. Desde el punto de vista del movimiento de personas con discapacidad, que fuera recogido por la Convención sobre los Derechos de las Personas con Discapacidad —CDPD—, el lugar central y prevalente que tiene la autonomía ha motivado la defensa de los ATD como una forma de garantizar un derecho universal a la capacidad jurídica. Desde esta perspectiva se desacopla la capacidad jurídica de la capacidad de tomar decisiones: mientras la capacidad jurídica es una característica universal de la cual todo ser humano es titular, la capacidad de toma de decisiones, que es esencialmente variable entre los seres humanos y dependiente de

---

[2] Estudio de Pablo Marshal "Consentimiento informado y apoyo a la toma de decisiones: a propósito de las reformas legales en Latinoamérica". *Capacidad jurídica, discapacidad y derechos humanos*, ed. por Michael Bach y Nicolás Espejo Yaksic (Ciudad de México: Suprema Corte de Justicia de la Nación, 2022) 461-488.

factores internos y externos, no es condición del ejercicio de derechos, sino, a lo más, una circunstancia para la activación y utilización de ATD.

Muy ilustrativo resulta entender que conforme a la estructura diseñada por la CDPD, —en especial el artículo 12 que revoluciona el entendimiento de la capacidad para realizar actos jurídicos de las PD, en particular PDICP— que la capacidad jurídica reconocida a estos ya no parte del concepto tradicional de capacidad o incapacidad civil de las personas sino que es un concepto nuevo orientado al reconocimiento de su dignidad, uno solo y el mismo, y que todos gozan de ella; otra distinta sería la capacidad de decidir por parte de la PDICP, a quien le correspondería, a nuestro modo de ver, el concepto de la capacidad de ejercicio en nuestras regulaciones continentales tradicionales; por eso es tan importante no confundir el nuevo paradigma ya que parecería, en un principio, aceptar para las PDICP que hubieran ocasiones en que puedan tomar decisiones poco informadas, tal vez consideradas poco provechosas, poco asertivas o hasta peligrosas, y podría considerarse que en estas condiciones cabría la posibilidad de aprovecharse de la condición de vulnerabilidad inherente a su discapacidad. Si así fuere, no se estarían respetando los principios de protección a la dignidad de la PD; sin embargo, esto no es así ya que conforme a la regulación instruida en los principios del artículo citado, el papel de las figuras creadas, como son los apoyos y las salvaguardias, y con la instrumentación de los ajustes razonables adecuados, serán los mecanismos que formarán parte integral del ejercicio de esa capacidad jurídica universal en el papel que respectivamente les corresponde; es decir, los apoyos como un auxilio confiable, y en muchas ocasiones especializado cuya función principal, entre otras, es coadyuvar a que el apoyado obtenga y entienda —o más bien comprenda— la información y las salvaguardias como instrumentos diseñados de manera principal para evitar que el ejercicio de la libertad se convierta en una posibilidad de abuso y daño a sus derechos y su dignidad, cumpliendo también con lo instruido en el inciso 5 del propio artículo.

Hasta aquí parece que todo queda más claro, entendiendo que, como principio, las PDICP, en el ejercicio de su capacidad jurídica, podrán llevar a cabo los actos jurídicos que requieran, siempre y cuando se observen parámetros que permitan garantizar el disfrute de todos los derechos reconocidos en la misma Convención y el poder de sus propias vidas. Es en estos casos, a mi parecer, donde se puede dar, en principio, la posibilidad de emitir una voluntad auténtica y válida; es decir, en los casos donde la PDICP pueda contar con un entendimiento mínimo y por ende que pueda comprender los alcances de un acto jurídico y las consecuencias del mismo; en este sentido, tal y como el Comité de la CDPD señaló: "[...] la aptitud de una persona para adoptar decisiones [...] naturalmente varía de una persona a otra y puede ser diferente para una persona determinada en función de muchos factores, entre ellos factores ambientales y sociales".

Este ejercicio de "comprender" por parte de las PDICP ha sido incluido y estudiado en la doctrina más reconocida, utilizada por la CDPD y construida sobre legislaciones que usan la noción de "capacidad mental". Al efecto y para mayor referencia la Mental Capacity Act (MCA) del Reino Unido define la capacidad mental como "(a) comprender la información relevante para la decisión; (b) retener esa información; (c) utilizar o sopesar esa información como parte del proceso de toma de decisiones; y (d) comunicar su decisión (ya sea hablando, en lenguaje de señas o por cualquier otro medio)"; la información puede no ser exhaustiva, pero debe tener los elementos necesarios para generar una noción del alcance y consecuencias jurídicas del acto.

Observamos una coincidencia en los elementos de conformación de la capacidad mental en la MCA con los elementos de conformación de la voluntad a que nos referimos en el principio de este estudio, conformado por los procesos de cognición, valoración, determinación y expresión; las doctrinas, pues, son unívocas en entender que, como regla general, para que la PDICP pueda realizar un acto válido en ejercicio de su capacidad jurídica, deberá cumplir en la medida que lo requiera conforme a las regulaciones que al efecto se establezcan, con el ensamblado mínimo de una voluntad apta para la creación de actos jurídicos, que por supuesto y en términos de la CPDP, podrá contar con toda esa conjunción de elementos incorporados como son ajustes razonables, apoyos y el establecimiento de salvaguardias, con el objetivo de garantizar para el propio sujeto, el ejercicio de sus derechos contemplados en la misma Convención.

Es muy importante considerar que en este ejercicio de "comprender" por parte de la PDICP, si no se logra al final, aun con los mecanismos establecidos al efecto para generar una manifestación de voluntad apta, se creará una limitación a la facultad de decidir frente a un acto jurídico determinado, lo cual no necesariamente implica un acto de discriminación ni negación a su capacidad jurídica sino una restricción válida y justificada ya que estará ante un acto cuyas consecuencias no está comprendiendo.

En ese aspecto, el Comité CDPD señaló originalmente una posibilidad de restricción de la capacidad jurídica basada en el modelo de restricción por funcionalidad o competencia que busca realizar una evaluación del entendimiento para determinar si la PDICP comprende las implicaciones y efectos del acto jurídico por realizar. Los autores indican que en el borrador del Comité CDPD no se rechazó el modelo funcional; sin embargo, al final fue señalado como incompatible con el artículo 12 por aplicarse de manera discriminatoria a las PD.

Por nuestra parte consideramos que el modelo funcional no resulta discriminatorio frente a las personas con discapacidad ya que permite la posibilidad de un universo más amplio de capacidades y competencias determinadas de manera específica en relación con un acto determinado. En ese sentido consideramos que para el método utilizado en la evaluación del entendimiento se deben usar, entre otras, las directrices de aplicación en base a los principios de ponderación y razonabilidad en materia de derechos humanos para, en su caso, poder considerar, ampliar o restringir el espectro de posibilidades a la capacidad jurídica de la PDICP para realizar determinado acto jurídico. No es lo mismo, por ejemplo, comprar un televisor que donar un órgano del cuerpo humano; tampoco el ejercicio del derecho de voto o comprar un inmueble que comprar acciones en la bolsa; o autorizar un ensayo clínico que someterse a él, incluso si se utiliza un apoyo. Desde una mirada funcional sería válido restringir su actuación si no emite una manifestación en el sentido de la comprensión del acto que debe aceptar.

Por último, e independientemente de considerar la posibilidad a esta restricción, el Comité CDPD bajo el principio universal de capacidad jurídica consideró la necesidad de regular los mecanismos de reconocimiento de esta en aquellos casos de PDICP severas. Al efecto Michael Bach explica:[3]

> Uno de los principales problemas al constituir la capacidad de tomar decisiones de las personas con discapacidades más significativas es proteger el acceso necesario al "apoyo interpretativo" adecuado [...]
>
> Este principio de "mejor interpretación posible de la voluntad y las preferencias dadas las circunstancias" fue adoptado por el Comité CDPD para guiar la prestación de apoyo en estas situaciones".
>
> Esto nos compele a pensar en aquellos casos donde por más que se hicieron esfuerzos reales, considerables y pertinentes, no se pueda conocer la voluntad de la PDICP; en estos casos inclusive, conforme a las resoluciones del Comité CDPD, deberá contar con los apoyos y salvaguardias nombrados al efecto en términos de las disposiciones jurídicas correspondientes y en los casos que se precisen, quienes actuarán bajo el principio de que "la voluntad, aunque callada u oculta, no deja de ser real".

Concluimos que contrariamente a las consideraciones vertidas en este sentido, en lo que se refiere a las personas que carezcan de capacidad mental o de discernimiento, entendida ésta conforme a los términos de este trabajo, en virtud de que no podrán emitir una voluntad generadora de un acto jurídico, las funciones que le puedan prestar los apoyos después de haberse realizado esfuerzos reales, considerables y pertinentes para conocer una manifestación de voluntad y de haber prestado las medidas de accesibilidad y ajustes razonables, al final no serán encaminadas a coadyuvar a que el apoyado obtenga y entienda (o más bien comprenda) la información sino que serán sustitutivas de dicha capacidad a fin de que puedan ejercerla conforme a la mejor interpretación posible de la voluntad y las preferencias dadas las circunstancias, y bajo la naturaleza de una representación legal y en los casos que las disposiciones legales determinen, por supuesto, con la instauración de las salvaguardias necesarias que impidan los abusos y las decisiones arbitrarias, respetando los principios de protección a la dignidad de la PD. Todo lo anterior también en la aplicación de los principios de ponderación y razonabilidad en materia de derechos humanos, por lo cual consideramos que estas

---

3 "Perder la capacidad jurídica y el poder sobre la vida personal: la alternativa de la —capacidad para la toma de decisiones—". *Capacidad jurídica...*, 83-117.

consideraciones son acordes a los principios de la CDPD y no son contrarias a sus disposiciones.

Corresponderá, a la legislación de cada país —en este caso al nuestro— establecer los mecanismos normativos adecuados para garantizar el cumplimiento y aplicación de las disposiciones, los principios y regulaciones establecidas en el artículo 12 de la CDPC en materia de capacidad jurídica y otras regulaciones emanadas del mismo. En nuestro país los primeros pasos legislativos ya están dados, así como la regulación que hasta el momento es la más importante en la materia: el CNPCyF.

La actuación, tanto de las autoridades encargadas de la aplicación de estas disposiciones normativas como de los apoyos, y la eficiencia de las salvaguardias cuya razón de existencia como figuras nuevas en el mundo del derecho y de la doctrina de la capacidad jurídica de las personas y como mecanismos de acción, estará encaminada a que el ejercicio de la capacidad jurídica de las PDICP en igualdad de circunstancias con los demás se traduzca en una realidad, sorteando los diferentes caminos que permitan equilibrar las necesidades que resultan de la propia naturaleza de la deficiencia biológica y de la vulnerabilidad que deriva de la interacción con el entorno social, incluyendo la autoridad, los propias personas que funjan como apoyos o terceros, y con ello la posibilidad de evitar de forma exitosa los casos de abuso, influencia indebida y conflicto de intereses, cuya existencia, en definitiva, viciarían en diferentes grados la creación de un acto jurídico, pero por supuesto esto es motivo de un siguiente estudio.

LAS NOTIFICACIONES POR NOTARIO
Regulación legal adecuada
Resultados esperados

JORGE ALFREDO DOMÍNGUEZ MARTÍNEZ
Notario 140 de la Ciudad de México

I. PRESENTACIÓN

Recientemente di por concluido un trabajo de mayor extensión al aquí contenido. Ideé, preparé, revisé y consideré terminado aquél bajo el título *LAS ESCRITURAS Y LAS ACTAS NOTARIALES* (Jerarquía; semejanzas; diferencias y respectiva dinámica. Algunas experiencias personales).

Ese trabajo tiene como una de sus razones, ciertamente, ofrecer a mis colegas notarios lo que la dinámica de mi actuar diario en el ejercicio de nuestra función me ha brindado como experiencias profesionales, todas las cuales someto a su consideración y en espera de que les sean de alguna utilidad, pero con el ruego de mi parte de que den por descontado cualquier actitud aleccionadora o ilustradora; no va conmigo.

Una segunda razón de su preparación es dedicarlo —como lo hice— a mi colega, Ángel Gilberto Adame López, con quien me une una gran amistad. De su parte, más allá de lo que pudiera yo esperar. Siempre atento a mi conducción diaria, tanto profesional como académica y hasta personal. A él le debo la coordinación de un libro publicado en 2017, en reconocimiento a mi apego a mi actividad profesional, docente y de investigación, con la participación de un número importante de colegas nuestros y académicos en general; a él le debo la dedicatoria a mi esposa Patricia —que murió en mayo de 2021, pero siempre está presente—, y a mí de un libro escrito por él, bajo el título de *EL CÓDIGO CIVIL DE 1928 (Una reseña histórico-jurídica),* con alusión, al dedicarlo, a su "cariño y agradecimiento"; le debo no sólo su entusiasmo sino su apoyo incondicional a la tarea de dar a conocer mi persona para ser nominado para el Premio Nacional de Jurisprudencia de la Barra, con el que fui favorecido en 2021.

Pues bien, lo contenido en estas líneas es la parte de ese primer trabajo, en lo correspondiente a las notificaciones practicadas por notario. Admito mi pretensión de que los lineamientos de éste y de aquél tengan una mayor difusión por la utilidad que puedan llegar a prestar. Por ello mi apoyo aquí en ese trabajo comentado. A saber cuál de las dos presentaciones ve luz primero.

II. PREVISIÓN LEGAL. APLICATORIEDAD

El artículo 131 de la vigente Ley del Notariado para la Ciudad de México dispone que entre los hechos por los cuales el notario debe asentar un acta están las notificaciones; sin duda, en mi concepto, la actuación del notario más frecuente fuera de su despacho.

Si en términos llanos, notificación es *acción* o efecto de notificar, y notificar por su parte es hacer saber algo a alguien, es entendible que la notificación notarial es que el notario haga saber ese algo mediante su actuación regulada en el ordenamiento notarial.

El objeto de la notificación puede ser cualquier "algo", si bien son en buen número los supuestos legales en los que la ley anuncia la posible función del notario, en este caso como notificador. Tal es el caso de lo dispuesto en los artículos 973, 1292 y 2080 del Código Civil para el Distrito Federal.

III. ATENCIÓN A LOS REQUERIMIENTOS CORRESPONDIENTES

Tengamos en cuenta, de entrada, nuestro compromiso legal de atender al cliente no obstante las supuestas dificultades que pudiera traer consigo practicar una notificación, motivadas en especial, por la natural oposición de quien sea el destinatario de la misma, traducida en evasivas, escondrijos, falsedades, cuestionamientos, impugnaciones;, en fin, todo aquello tendiente a que no se produzcan o, en su caso, a destruir los efectos de una notificación válidamente hecha. En mi concepto, tal como actualmente está regulado el régimen legal aplicable a esta actuación notarial, facilita considerablemente llevarla a cabo sin temor a correr el riesgo de una actuación defectuosa y cuestionable en consecuencia. En apoyo de mi punto de vista, a continuación me permito dejar constancia de la glosa, afirmaciones, sometimientos a la consideración del lector, siempre autorizado, así como de sugerencias, con la mira de su posible y pretendida utilidad.

1) Coincidencia total entre lo solicitado y lo notificado

En primer lugar, si bien probablemente sea ya algo generalizado en la actividad diaria de mis colegas, no está por demás dejar constancia de la evidente conveniencia de que lo notificado sea exactamente con la reproducción en el instructivo notarial, del escrito dirigido al efecto por el solicitante al destinatario de la notificación y, por separado, también por escrito, para efectos de rogación, el requirente solicite al notario su intervención en tal diligencia. Por ende y por el contrario, no es recomendable que el requirente del servicio simplemente le haga saber al notario, así sea por escrito, los extremos de aquello por notificarse, y el notario lo capte, lo interprete y lo plasme en el instructivo, como una relación sucinta, en términos de ley, porque entre lo pretendido por el solicitante y lo entendido por el notario y por quien le ayude a formular el instructivo puede haber discordancia y hasta errores importantes. Recuerdo la ocasión en la cual un copropietario, para hacer saber a los otros partícipes los términos de la venta de su parte alícuota, para así, en sus casos, hicieran uso de su respectivo derecho del tanto, por un error en el texto de lo notificado se señaló como precio la suma de dos millones en lugar de veinte millones, como era en la realidad, con las consecuencias tan incómodas traídas consigo por ese yerro.

En tales condiciones y ante un posible error si se opta por hacer contener en el instructivo la relación de lo notificado, bien fuere la equivocación de transcripción, y hasta de impresión, lo aconsejable es —como dije— reproducir el escrito que contiene los términos de aquello por notificarse. Un ejemplo de ese instructivo es como sigue:

INSTRUCTIVO NOTARIAL
(MEMBRETE DE LA NOTARÍA)
(DOMICILIO, TELÉFONOS Y HORARIO DE ATENCIÓN)

INSTRUCTIVO DE NOTIFICACIÓN NOTARIAL
PRACTICADA A LAS ________ HORAS DEL DÍA

INDICADO AL CALCE DE ESTE DOCUMENTO, QUE SE ENTREGA A
(Nombre y carácter)____
____
CON QUIEN SE ENTENDIÓ DICHA DILIGENCIA.
(DE NO HABER ACUDIDO ALGUIEN A MI LLAMADO, SE PRACTICA COMO SE INDICARÁ EN EL ACTA CORRESPONDIENTE).
SEÑOR XXXXXXXXXXXXXXXXX
DOMICILIO XXXXXXXXXXXXXXX
P R E S E N T E.

A solicitud de XXXXX, notifico a usted el contenido del escrito que el solicitante le dirige, mismo escrito que para toda objetividad reproduzco a continuación:

((((((((((REPRODUCCIÓN DEL DOCUMENTO A NOTIFICAR)))))))

Lo que, en la fecha anotada al calce, y en la hora y por conducto de las personas indicadas al principio de este documento, notifico a usted de viva voz y/o por medio de este instructivo (con anexos en su caso), según indicaré en el acta notarial que al efecto asiente en los folios del protocolo a mi cargo.

De conformidad con lo previsto en la Ley Federal de Protección de Datos Personales en Posesión de los Particulares, mediante este instructivo hago saber a la persona con quien pudiera entender la notificación, que sus datos personales se utilizarán de la forma que estipula el aviso de privacidad que está a su disposición en la página de internet www.xxxxxxxxxxx.

De haber entendido personalmente la notificación con usted, le reitero que la Ley le concede un plazo de cinco días, contados a partir del día hábil inmediato siguiente al de la fecha del acta respectiva (lo que podrá ser hasta dentro de los dos próximos días); para acudir al despacho de la notaría a mi cargo, cuya dirección se indica en el membrete de este instructivo, a conocer el contenido del acta que por esta diligencia yo levante, conformarse con dicha acta y firmarla, o en su caso, hacer por escrito las observaciones que juzgue convenientes a la misma (artículo 132 de la Ley del Notariado). Para esos efectos, sírvase usted hacer cita, comunicándose conmigo a los teléfonos que se mencionan en dicho membrete.

De no haberle encontrado a usted ni haber acudido alguien a mi llamado al buscarlo, y no poder por ello entender la diligencia con persona alguna para notificar en los términos del artículo 133 de la Ley del Notariado, entonces, en aplicación de lo establecido en el artículo 134 de dicho ordenamiento, el día anotado al calce y a la hora señalada en este instructivo, la notificación ha quedado practicada, bien sea:

mediante la fijación de este instructivo (con anexos en su caso) en el lugar visible de su domicilio que se señalará en dicha acta, o bien mediante el depósito de este instructivo (con anexos en su caso) en el interior de su domicilio, según quede asentado en el acta citada.

En todo caso, estoy a sus órdenes en los teléfonos cuyos números se señalan en el membrete.

ANEXOS
Uno. El original del escrito que contiene lo que se notifica.
Dos. (¿?????...)
Tres. Copia de la identificación de notario de la Ciudad de México del suscrito.

Atentamente.
Ciudad de México, a de de 20.
El notario de la Ciudad de México.
XXXXXXXXXXXXXXXXXXXXXXXXX

2) Entrega del instructivo (significado)

Que el destinatario de la notificación o, en su caso, la persona de aquellas señaladas por la ley para dejarle el instructivo de ley por no estar presente el primero, se niegue a recibir este documento, ha sido argumentado por algunos colegas como un inconveniente estorboso para la práctica de las notificaciones. No hay tal en mi concepto; por el contrario, creo que esa situación se daría si en la actuación notarial del caso, de quien se trate debiere recibir físicamente el instructivo notarial y de tal recepción dependiere la eficacia de la actuación correspondiente, pero no es así; de conformidad con el artículo 133 de la Ley, el notario entregará el instructivo a la persona de las señaladas en el precepto con quien puede practicar la notificación, mas esa entrega no se traduce en que el notario deba dejar el instructivo en propia mano de dicha persona, y de no ser así, la notificación no puede practicarse.

La realidad es distinta; en términos del *Diccionario de la lengua española*, "entregar" lo mismo es "dar algo a alguien" que "hacer que pase a tenerlo"; de esa manera, si de quien se trate no recibe en mano el documento notarial del caso por no querer hacerlo, el notario puede, con toda tranquilidad profesional, dejarlo a la vista y cerca de su interlocutor, bien sea sobre el escritorio de éste, en el área superior de un mostrador, al interior de una ventanilla; en fin, en cualquier lugar en el cual, razonablemente, quien se negó a recibirlo, con sólo estirar el brazo lo tenga a su alcance, pues al dejarlo así el notario hizo que su interlocutor pase a tenerlo.

3) Nombre del interlocutor

Tampoco es un inconveniente para notificar que la persona con quien se practique la diligencia reciba o razonablemente quede a su alcance el instructivo que contiene lo notificado no dé al notario su nombre ni se identifique con él, pues como se recordará, el artículo 132 de la Ley, en su fracción I, permite actuar no obstante tales negativas —frecuentes por cierto— por esa actitud evasiva, pero contrarrestadas y nulificadas con lo puntualmente favorable de nuestro estatuto legal aplicable al caso.

4) Plazo razonable para el asiento del acta

En cuanto al asiento del acta se refiere, el último párrafo del artículo 131 permite al notario dejar el acta pasada a folios no necesariamente el día de la actuación sino durante los dos días siguientes al de ésta, lo cual trae consigo evitar o al menos disminuir precipitaciones en la redacción del instrumento correspondiente, en particular si la diligencia del caso se practicó a horas pegadas al día siguiente.

5) Sobre las observaciones al acta

Como se recordará, el artículo 132, en su fracción II, permite al destinatario del objeto de la diligencia practicada y, por ende, aplicable a las notificaciones, comparecer ante el notario dentro de los cinco días hábiles siguientes a aquél de que tuvo lugar la actuación notarial del caso, para imponerse del contenido del acta asentada por el notario y según fuere, conformarse con ese contenido y firmar aquella o, por el contrario, a hacer por escrito las observaciones en su concepto procedentes como tales.

Conforme lo dispuesto en la fracción II del artículo 132, existe la posibilidad, frecuente en la realidad, de que en la práctica de una notificación, y en el desahogo de ésta, su destinatario no haya estado presente cuando la diligencia tuvo lugar, y por ello el instructivo haya sido entregado a alguna de las personas señaladas en ley como posibles receptores de dicho documento en vez del destinatario. En esa hipótesis, quien lo recibe no está legitimado para acudir a la notaría a conocer el contenido del acta, conformarse con éste, firmarla o hacerle observaciones, pues no se trata del destinatario de la notificación y a éste, por su parte, tampoco le asiste esa posibilidad legal, pues al no haber estado presente cuando la diligencia desconoce lo acontecido cuando dicha actuación se llevó a cabo, de manera tal que no tiene elementos para hacer observación alguna, pues no le consta ningún hecho cuando la notificación se practicó.

Ahora bien, sean cuales fueren las razones, con alguna frecuencia quienes son destinatarios de una notificación y sin haber estado presentes en la diligencia correspondiente, dentro del plazo indicado suelen presentar algún escrito cuyo contenido bien puede ser desconocimiento de derechos de quien solicitó la notificación, improcedencia de la misma o cualquier otro cuestionamiento pero que no trae consigo observación alguna al acta asentada por el notario. En estricto sentido no tiene el notario por qué aceptarlo y agregarlo al apéndice correspondiente, pero la instancia puede ser de utilidad pues abona al reconocimiento de la notificación practicada por parte del destinatario. Si bien el acta correspondiente tiene valor probatorio pleno no está de más el reconocimiento también por esa vía, pues tal promoción implica aceptación de quien la presenta, de haber sido notificado.

6) Medios alternos efectivos ante falta de receptor del instructivo

De no acudir alguien a atender al notario en el lugar indicado por el solicitante para llevar a cabo la notificación, pero cerciorado el notificador de ser ese el domicilio del buscado, lo cual puede ser resultado no sólo de la información del propio solicitante como del dicho de los vecinos, directorio del edificio, placa o anuncio en general que así lo indique, el notario puede notificar en el sitio, en uso de una de dos opciones, tan válida una como la otra, que son: dejar el instructivo en el interior del inmueble correspondiente, sea en el buzón, debajo de la puerta de entrada o como fuere, o bien, especialmente si no es posible la planteada, como segunda opción está pegarlo en la puerta de la entrada al inmueble correspondiente. Me permití proponer este modo de notificar cuando la redacción del proyecto que devino Ley del Notariado de 1980. Encontré el sistema cuando circunstancialmente consultaba el Código de Procedimientos Civiles para el Estado de Nuevo León. Ha dado resultado.

7) Notificación sin ser el domicilio del buscado

Cuando la redacción de la ley del 80 también me permití sugerir para incluir en el proyecto lo que fue aceptado e incorporado para quedar en definitiva en ley —y así continúa—, con utilidad reconocida. Se trata de que el notario practique la notificación solicitada en el domicilio que, bajo la responsabilidad del solicitante y no bajo la del notario, aquél le señale, aun cuando en el lugar le nieguen que sea el domicilio del destinatario de la notificación. Al efecto, resulta ciertamente favorable lo dispuesto en ley porque de ese modo se evitan desplazamientos a lugares distantes de la notaría y quien atiende al notario en el lugar, sea con apego a la realidad o sea simplemente para evitar la notificación, niega que allí sea el domicilio del buscado. De no estar dispuesto tal como está previsto en la ley, los desplazamientos para pretender notificar serían frustrantes, sin resultado positivo alguno. Es más, antes de la previsión legal actual ya era una práctica reiterada que, por asesoramientos mañosos, se negaba al buscado donde en la realidad era su domicilio. Ahora bien, para el mejor funcionamiento de esta posibilidad de notificar, en la misma preparación de la notificación es conveniente, como dije, recabar la constancia por escrito del solicitante de que, si en el caso se da el supuesto de la negativa en cuestión, la notificación será bajo su responsabilidad y sin responsabilidad del notario requerido.

¿DEBE LA SOCIEDAD ADAPTARSE AL OBJETO SOCIAL O EL OBJETO SOCIAL ADAPTARSE A LA SOCIEDAD?
Antecedentes y análisis de la sociedad por acciones simplificada

URIEL GÓMEZ ÁVILA

I. ANTECEDENTES DE LA SOCIEDAD POR ACCIONES SIMPLIFICADA

Para comenzar a hablar del origen de la sociedad por acciones simplificada —en otros países también conocida como sociedades unimembres o unipersonales— debemos remontarnos al año 1982, en Alemania, donde después de una reforma a la ley GmbH[1]-*Gesetz*[2] se permitía que en lugar de que fueran siete personas —mínimo— las requeridas para constituir una sociedad por acciones, a partir de ese momento podían ser solo dos personas como mínimo.

Ulterior a esta reforma, el jurista austriaco Oskar Pisko plantearía un proyecto, el cual proponía

> [...] la conveniencia de crear una figura que permitiera destinar una parte del patrimonio a un fin empresarial, acotando de esta manera la responsabilidad patrimonial del empresario individual y protegiendo de la misma manera los derechos de terceros interesados.

Fue así que el 20 de enero de 1926 se incorporaría al Código Civil del Principado de Liechtenstein, el cual regía en materia de sociedades y personas jurídicas, tanto en Austria como en Suiza, dando lugar a la "empresa individual de responsabilidad limita-

---

1 Gesellschaft mit beschränkter Haftung, en alemán: sociedad de responsabilidad limitada.

2 Gesetz en alemán: ley.

da (einzelunternehmen mit beschränkter Haftung),[3] la figura del *Anstalt*[4] y la sociedad de personas o de capital con un solo socio (einmannverbandspersonen);[5] la figura del *Anstalt* se constituía como patrimonio de una persona que de manera anónima formaba una personalidad jurídica distinta, inscrita en un registro especial.

Fue así como las sociedades einmannverbandspersonen, constituidas por un único socio, se convirtieron en el antecedente que daría pie a que, con el paso de los años, la sociedad por acciones simplificada unipersonales se fuera implementando en diversas legislaciones como Dinamarca (1973), Alemania (1980), Francia (1985), Holanda (1986), Inglaterra (1992) y Chile (2003).

Es importante recordar que generalmente las formas de gobierno de las sociedades se establecen bajo dos supuestos: 1) un consejo de administración, y 2) un administrador único. Para efectos de la sociedad por acciones simplificada, la forma de gobierno de está podrá ser llevada a cabo mediante el propio administrador único, que en la mayoría de los casos será también el accionista único.

II. ESPAÑA

Desde 1951, en España, la figura de las sociedades unipersonales se estableció inicialmente bajo la ya derogada Ley de Sociedades Anónimas. Hoy se encuentra regulada en la Ley de Sociedades de Capital (LSC).

Actualmente en el artículo 12 de la LSC podemos encontrar definida esta figura societaria como aquella que es constituida por un único socio, sea persona natural o jurídica, o aquella que inicialmente haya sido constituida por dos o más socios y todas las acciones o participaciones hayan pasado a ser propiedad de un único socio, pudiendo de esta manera constituir una Sociedad Unipersonal de Responsabilidad Limitada (SLU) o una Sociedad Unipersonal Anónima (SAU).

---

3 Empresa individual/unipersonal de responsabilidad limitada, en alemán.

4 Institución, en alemán.

5 Sociedad de personas unipersonales, en alemán

De manera similar a México donde contamos con un Registro Público de la Propiedad y el Comercio, en España encontramos su homólogo: el Registro Mercantil. En este registro se debe inscribir, después de haberse hecho constar en escritura pública, ya sea en el caso de constituir esta sociedad como un acto unilateral o en el caso de que las acciones de una sociedad pasen de ser propiedad de varios socios a uno solo.

Como se mencionó anteriormente, en ambas formas de gobierno de las sociedades es importante destacar que incluso cuando el socio único tenga la administración unipersonal de la sociedad, todas sus decisiones deben constar en actas estas deberán contener su firma o, en su caso, la de su representante legal. Si la sociedad cuenta con varios administradores en España, conocida como órgano pluripersonal —la cual es diferente a un consejo de administración— estos actuarán de manera solidaria o mancomunada.

Es necesario mencionar que al igual que en varios países que se analizarán más adelante, la legislación española prohíbe a aquellas personas que ya ostenten la calidad de socios únicos, poder constituir o adquirir nuevamente esta condición en una nueva sociedad. De esta manera, al momento de constituir o que una sociedad se convierta en unipersonal, deberá hacerse constar que no se ostenta la misma condición en otra sociedad.

III. REPÚBLICA DOMINICANA

Este país ubicado en el Caribe tiene vigente la Ley General de Sociedades Comerciales y Empresas Individuales de Responsabilidad la cual fue promulgada el 19 de mayo de 2009 y está en su artículo 450. Aparte de reconocer como sociedad a la Empresa Individual de Responsabilidad Limitada (EIRL), indica que es una entidad dotada de personalidad jurídica propia que le pertenece a una sola persona física y será capaz de ser titular de derechos y obligaciones mediante un patrimonio propio, independiente y separado de los bienes de quien posea la totalidad de las acciones.

A diferencia de lo que ocurre en México, en el caso de la República Dominicana será obligatorio llevar a cabo la constitución de la denominada EIRL en un acto celebrado obligatoriamente ante notario y, posteriormente, ser depositada ante el Registro Mercantil del país.

En cuanto a los órganos de administración se refiere para el caso de República Dominicana, el propietario podrá designar a un gerente diferente a su persona o ser él mismo, teniendo de esta manera las facultades suficientes para actuar en nombre de la empresa.

Es relevante mencionar que debido a la regulación fiscal vigente en ese país, el propietario de la empresa no podrá retirar las utilidades de la misma, salvo la vía de la reducción de capital, la cual se dará hasta que sean auditadas por las autoridades correspondientes y se determinen las ganancias obtenidas. Para ello, la persona a cargo de la gerencia de la empresa deberá preparar, anualmente, los estados financieros y el informe de gestión anual antes de la fecha en que se anuncie que serán auditados.

Siendo una EIRL, tal como lo indica su propio nombre, esta solo deberá responder por las obligaciones que se hayan adquirido mediante la figura del gerente, quedando liberado el propietario de las acciones de cualquier responsabilidad, siempre y cuando se haya cumplido con la obligación de aportar su capital social. Por lo tanto, la empresa no podrá responder por las deudas de su propietario ni este último verá en riesgo su capital personal para cubrir las deudas adquiridas por la empresa.

IV. REPÚBLICA DEL PERÚ

Muy similar a como se conoce en la República Dominicana, la sociedad individual en este país se conceptualiza como Empresario Individual de Responsabilidad Limitada (EIRL). Esta figura tiene como antecedente la Ley de la Pequeña Empresa en el Sector Privado, legislación que fue publicada el 24 de febrero de 1976, y regulaba a las empresas dedicadas a actividades económicas en pequeña escala.

Al día de hoy, la sociedad unipersonal está regulada por la Ley de la Empresa Individual de Responsabilidad Limitada, publicada unos meses después de la Ley de la Pequeña Empresa en el Sector Privado, el 14 de septiembre de 1976. Esta ley define a la figura del EIRL como una persona jurídica de derecho privado, constituida por voluntad unipersonal, con patrimonio propio distinto al de su titular, conformado por las aportaciones de quien la constituye.

A diferencia de países mencionados anteriormente, en Perú sí se permite que una persona natural pueda ser titular de una o más empresas conforme al Decreto Ley 21621, estas tendrán el carácter de mercantil y serán de duración indeterminada, deberán constituirse mediante escritura pública y de igual manera ser depositadas en el Registro Mercantil.

V. COLOMBIA

Si hay un país considerado referente en materia de Sociedad por Acciones Simplificada, es Colombia, inspiración para crear la ley modelo de la Sociedad por Acciones Simplificada (SAS) en la Organización es Colombia. Este país tiene su primer antecedente en la materia, en la Ley 222, de 1995, la cual contempla la figura de la sociedad unipersonal para que en 2006 se permitiese que las microempresas se constituyeran bajo esta figura.

De acuerdo con la Ley 1258, de diciembre de 2008, la figura de SAS puede constituirse por una o varias personas naturales o jurídicas, que al igual que en los países anteriormente mencionados, el o los socios solo se harán responsables hasta por el monto total de sus aportaciones, siendo este el límite para responder sobre obligaciones adquiridas frente a terceras personas.

En este país, según la legislación vigente, se establece que los socios accionistas no serán responsables por las obligaciones laborales, tributarias o de cualquier otra naturaleza en las que la sociedad incurra, salvo que la SAS sea utilizada para actividades ilícitas, como el fraude a la ley o a terceras personas. En tales casos, los accionistas administradores tendrán que responder solidariamente por las obligaciones derivadas de los perjuicios causados, según lo establecido en la legislación, lo cual se conoce como "desestimación de la personalidad jurídica".

La SAS no está obligada a tener una junta directiva como órgano de gobierno, al igual que en otros países; en su lugar, este papel puede ser desempeñado por una asamblea o un administrador único de la sociedad. En el caso de elegir esta última opción, la administración recaerá claramente en el accionista único.

Es importante señalar que en Colombia se contempla la posibilidad de que cualquier sociedad se transforme en una SAS antes de su disolución. En estos casos, la ley ofrece una solución para aquellas sociedades que inicialmente están obligadas a tener varios accionistas pero, debido a circunstancias particulares, terminan teniendo un único accionista y viceversa. La SAS puede transformarse en cualquier otro tipo societario contemplado en el Código de Comercio de Colombia.

VI. ECUADOR

Ecuador es el último país contemplado en estos antecedentes históricos que inspiraron que la SAS fuera una realidad en México. Este país incorporó la figura de la SAS el 28 de febrero de 2020 mediante una adición a la Ley Orgánica de Emprendimiento e Innovación con el objetivo de garantizar a las personas el derecho a desarrollar actividades económicas de forma individual. Este tipo societario es considerado una sociedad de capital de naturaleza mercantil, y puede constituirse por una o varias personas naturales o jurídicas, que como hemos visto en otros países, solo responderán limitadamente hasta el monto de las aportaciones realizadas.

Al igual que en Colombia, en caso de que el accionista o los administradores participen o faciliten actos fraudulentos tendrán que responder solidariamente, lo que puede ocasionar la desestimación de la personalidad jurídica de la SAS; asimismo, al igual que en México y Ecuador, no es necesario acudir ante notario público para constituir una SAS. Su cotización puede realizarse vía electrónica, basta únicamente un contrato e inscribirlo en el registro de sociedades de la Superintendencia de Compañías, Valores y Seguros. Posteriormente, la sociedad adquiere personalidad jurídica, distinta de los accionistas.

Estas sociedades están restringidas para realizar actividades relacionadas con operaciones financieras, del mercado de valores y seguros. Como en los demás países, el capital social debe ser colocado, indicando el número de acciones en que se divide la sociedad. Además, al igual que en Colombia, la SAS puede transformarse antes de la disolución de la sociedad, siempre y cuando dos terceras partes del capital social estén de acuerdo en llevar a cabo la transformación y se cumplan los requisitos del tipo societario al que se desea convertir.

VII. MÉXICO

Hoy en día existen dos problemas que se encuentran relacionados con la economía del país; el primero consiste en el desempleo que, como consecuencia, trae la disminución de calidad de vida en la población que la padece; incertidumbre patrimonial, desencadenando —muchas veces— enfermedades, falta de desarrollo económico y aumento de desigualdad social. El segundo problema, también de gran relevancia, es la economía informal; es bien sabido que limita la recaudación de impuestos, los cuales podrían ayudar con el gasto que generan los programas sociales, disminuye la calidad en los servicios públicos y, debido a la saturación de múltiples servicios, desencadena otros problemas económicos.

También es un hecho que anterior a la existencia de la SAS, era más complicado el ingreso a la economía formal dado que al constituirse bajo los anteriores seis tipos societarios existentes traían implícitos una serie de trámites y gastos que en muchas ocasiones las personas no tenían capacidad ni intenciones de asumir, argumentando que no veían diferencia operar desde la informalidad, y que solo perderían dinero al ser sujetos de recaudación de impuestos.

Dice el doctor Gerardo Laveaga Rendón, en su texto titulado *Cinco razones por las cuales no se obedece la ley en México*, publicado por el Instituto de Investigaciones Jurídicas, UNAM en octubre de 2007:

> En México se requieren tantos trámites administrativos para abrir un "changarro" que el asunto tarda en promedio 58 días, de acuerdo con el Banco Mundial mientras que el plazo que éste considera "aceptable" en un país desarrollado es de dos días. La profusión de trámites, naturalmente, genera todas las condiciones para que gobernadores, delegados y presidentes municipales cobren por su agilización. Si es preocupante lo que ocurre con los trámites administrativos, más preocupante resulta observar la profusión de nuestras leyes, la cual deviene en procesos larguísimos, rezagos y más corrupción. Plurimae *leges* —advertía Tácito— corruptissima *republica*.

Por lo anteriormente expuesto en el párrafo anterior, una de las soluciones propuestas por los legisladores fue redactar y presentar el proyecto de decreto para reformar la Ley General de Sociedades Mercantiles con la que se crearía, el 9 de febrero de 2016, la SAS, figura jurídica con el objetivo primordial de facilitar los trámites para poder constituir una micro y pequeña empresa a través de un sistema electrónico en tan solo 24 horas.

Hasta antes de que se reformara el artículo 1.° de la Ley General de Sociedades Mercantiles, el 14 de marzo de 2016, esta legislación únicamente reconocía seis tipos de sociedades mercantiles, siendo estas las siguientes:

- Sociedad en Nombre Colectivo;
- Sociedad en Comandita Simple;
- Sociedad de Responsabilidad Limitada;
- Sociedad Anónima;
- Sociedad en Comandita por Acciones;
- Sociedad Cooperativa; y
- Sociedad por Acciones Simplificada

Dentro de la discusión legislativa se mencionan los "innumerables" beneficios de la creación de esta nueva figura en la Ley General de Sociedades Mercantiles. Uno de estos beneficios es que esta sociedad podría ser constituida por un único accionista, lo que permitiría elevar los índices de formalidad de las empresas que no tuvieran ingresos superiores a cinco millones de pesos anuales, lo que facilitaría, a toda persona que optara por este tipo de sociedad, los trámites en diversas dependencias gubernamentales como el Instituto Mexicano del Seguro Social (IMSS), el Instituto del Fondo Nacional de la Vivienda para los Trabajadores (INFONAVIT) y la obtención de apoyos federales de diversas instituciones, pero como en toda discusión legislativa hubo argumentos en contra de la aceptación de esta nueva sociedad. Una de las razones de mayor relevancia es que la constitución de esta sociedad, al realizarse a través de medios electrónicos, podría ser utilizada como puerta de entrada para lavar dinero, robar identidades de terceros, facilitar el fraude y, en términos generales, para cometer actos ilícitos. No debería sorprender a nadie que a ocho años de su implementación en la ley, todos los supuestos en los que la SAS se utilizaba para cometer actos ilícitos ya hayan ocurrido.

De acuerdo con el artículo 4.° de la Ley General de Sociedades Mercantiles, estas podrán realizar todos los actos de comercio necesarios para el cumplimiento de su objeto social, salvo lo expresamente prohibido por las leyes y los estatutos sociales.

Una de las cuestiones más importantes al momento de constituir cualquier tipo societario es definir la razón social y la denominación de la sociedad. La razón social, según el maestro De Pina Vara, se forma con los nombres de uno, algunos o todos los socios, mientras que la denominación no debe contener los nombres de los socios y puede formarse libremente, siempre y cuando no genere confusión con las empleadas por otras sociedades.

Según lo indicado por la Ley General de Sociedades Mercantiles en su artículo 261, la denominación se formará libremente pero debe ser distinta de cualquier otra sociedad y siempre seguida de las palabras "Sociedad por Acciones Simplificada" o de su abreviatura "S.A.S."

Después de establecer la razón y denominación social se deberá llevar a cabo lo que algunos doctrinarios consideran la primera reunión oficial de la sociedad, aunque no llega a considerarse una asamblea. En esta reunión se debe establecer el objeto de la sociedad; es decir, a qué se va a dedicar, cuáles serán sus actividades y cómo se van a desarrollar.

No es un secreto para nadie que la SAS es una figura dotada de muchos beneficios. En opinión del autor, el más importante es el hecho de que exista una separación de patrimonio entre los accionistas y el de la sociedad. Así, en caso de existir deudas frente a terceros, el patrimonio de los empresarios no se verá afectado como sucedería en el caso de las Sociedades de Responsabilidad Limitada y las Sociedades Anónimas, en las que los accionistas o socios deben responder de manera subsidiaria por las deudas de la sociedad; sin embargo, resulta cuestionable que las personas que deciden constituirse bajo este tipo societario se vean obligadas a escoger dentro de una lista predeterminada de objetos sociales disponibles en el portal electrónico habilitado para facilitar la constitución de la SAS.

De acuerdo con el documento titulado "Preguntas Frecuentes Sociedad por Acciones Simplificada (SAS)", publicado por la Secretaría de Economía con la intención de resolver algunas dudas comunes que pueden surgir respecto a este tipo societario, al referirse al objeto social menciona que se deberá seleccionar aquel que se ajuste a las actividades que la empresa en cuestión llevará a cabo. En caso de no encontrar la actividad deseada deberá elegir aquella que más se parezca a las actividades planeadas, basándose en un catálogo limitado y ajustado a las actividades que solamente se encuentran en las cédulas de identificación fiscal emitidas por el Servicio de Administración Tributaria (SAT).

Es importante recordar que las sociedades mercantiles se constituyen con el propósito de llevar a cabo actividades comerciales y hacen del comercio su actividad principal. Esto implica realizar de manera habitual y repetida los actos comerciales definidos en el objeto social, los cuales forman una actividad sistemática con fines de lucro. Por tanto, es crucial no subestimar la redacción de unos estatutos sociales adecuados.

En México, la constitución de una SAS es un proceso sencillo que puede llevarse a cabo a través de medios electrónicos o por escritura pública ante notario público. Después de completar cualquiera de los dos procesos de constitución de SAS, la sociedad adquiere personalidad jurídica a partir de la fecha de inscripción en el Registro Público de Comercio, y los accionistas podrán iniciar las actividades comerciales para las que fue constituida la sociedad.

Si bien es cierto que la SAS puede constituirse de manera más práctica y desde cualquier lugar del mundo con solo un ordenador y conexión a internet, también es cierto que al no verse obligada la intervención de un fedatario público, muchas personas —especialmente aquellas que no tienen conocimientos legales— podrían tener dificultades para redactar adecuadamente el objeto social.

Hay que destacar que el objeto social, en su complejidad y alcance, no se limita únicamente a las actividades principales que se proyectan llevar a cabo sino que también abarca aquellas accesorias que podrían ser relevantes en un futuro próximo. Esta amplitud puede plantear desafíos al intentar encuadrar todas las actividades deseadas dentro de un catálogo previamente establecido.

Si bien esta práctica se realiza con el objetivo de simplificar los trámites administrativos y principalmente para mantener la gratuidad que se pierde al recurrir a la asesoría de un notario público, es crucial considerar la posibilidad de abrir un espacio de discusión en torno a la elección del objeto social dentro de este tipo societario. Tal vez sería oportuno contemplar la opción de que la plataforma misma permita a los usuarios elegir entre las actividades prediseñadas en un sistema o redactar su propio objeto social de manera más flexible.

Es comprensible que muchas personas puedan percibir como tedioso y complicado el proceso de redacción de un objeto social, especialmente cuando carecen de conocimientos especializados en la materia. Incluso para aquellos que han redactado objetos sociales para cualquiera de los otros seis tipos societarios contemplados en nuestra legislación, es evidente que existen casos en los que la elaboración de uno resulta más ardua que en otros, al tener que dar forma a las intenciones específicas que la persona que solicita nuestros servicios, tiene en mente.

Claro está que podemos encontrar varias soluciones a este inconveniente en caso de querer redactar estatutos sociales. La mayoría —estoy seguro— trae aparejado un costo que, dependiendo de la economía individual, se podrá decidir si pagar, pero en caso de no querer incurrir en ese gasto podríamos incluso considerar la posibilidad de apoyarnos en la inteligencia artificial para la redacción de los mismos y, posteriormente, adaptar aquello que no vaya en consonancia o no tenga sentido con los propósitos de la empresa. Hoy en día, con la ayuda de estas herramientas podemos obtener, en cuestión de segundos, el objeto social de una empresa, ya sea una comercializadora, un objeto social bastante común o el de una empresa que se vaya a dedicar a actividades mucho más específicas. Es aquí donde vuelvo a plantear la pregunta: ¿Debe la sociedad adaptarse al objeto social o el objeto social adaptarse a la sociedad?

No olvidemos que la sociedad por acciones simplificada es una opción muy atractiva para emprendedores y empresarios que deseen constituir una empresa de forma rápida y sencilla sin necesidad de cumplir con los requisitos y trámites establecidos para otros tipos de sociedades mercantiles; sin embargo, es fundamental que pongamos sobre la mesa la posibilidad de proponer, debatir y, en su caso, corregir a través de un proceso legislativo aquellas lagunas existentes u opciones de mejora que puedan surgir.